AI와 SF의 예언들

AI문고

인공지능 시대입니다. 기계가 인간의 인지를 대신하고, 사물이 인간을 통하지 않고 다른 사물과 직접 커뮤니케이션합니다. 이에 따른 인간 삶과 문명 변화를 정확히 이해·예측·대응하는 것은 이 시대 우리 모두의 과제입니다. AI문고는 인공지능 기술과 환경의 여러 주제를 10가지 키워드로 정리합니다. 관련 개념과 이론, 학계와 산업계의 쟁점, 우리 일상의 변화를 다룹니다. 인간과 기술의 현재, 미래를 세심히 분석합니다.

일러두기

- 인명, 작품명, 저서명, 개념어 등은 한글과 함께 괄호 안에 해당 국가의 원어를 병기했습니다.
- 외래어 표기는 현행 어문규정의 외래어표기법을 따랐습니다.

처음이세요?

전문가세요?

AI와 SF의 예언들

전구

대한민국, 서울, 커뮤니케이션북스, 2025

AI와 SF의 예언들

지은이 전구
펴낸이 박영률

초판 1쇄 펴낸날 2025년 9월 23일

커뮤니케이션북스(주)
출판 등록 2007년 8월 17일 제313-2007-000166호
02880 서울시 성북구 성북로 5-11
전화(02) 7474 001, 팩스(02) 736 5047
commbooks@commbooks.com
www.commbooks.com

ISBN 979-11-430-0371-3 03500

책값은 뒤표지에 표시되어 있습니다.

차례

SF가 던지는 인공지능에 대한 질문들

지난 10년간 인공지능(Artificial Intelligence, AI) 기술이 실험적 적용을 넘어서 모든 사람들의 일상생활 속으로 들어올 정도로 빠른 속도로 발전하고 있다. 발전한 학습 알고리즘, 고성능 병렬 계산 능력과 방대한 데이터가 결합됨에 따라 AI는 이미 다양한 산업과 일상에 도입되었으며, 그 영향력은 더욱 빠르게 확산될 전망이다. 우리는 지금 어쩌면 아주 거대한 변화의 시작점에 놓여 있는지도 모른다. 개인적인 경험을 돌이켜 보자면, 1990년대 중반 학부생으로 여름 학기를 신경 회로망을 연구하는 연구실에서 보내게 되며 처음 인공 신경망과 기계 학습에 대해 배운 이후부터, 필자는 언젠가는 인간의 인지 능력을 많은 부분에서 따라잡은 범용 인공지능을 구현할 수 있을 거라는 확신을 가지고 있었다. 이후 2000년대 중반 박사 과정에서도 기계 학습을 전공하면서 이른바 빅 데이터라 불리는 자료량의 증가와 딥 러닝 알고리즘의 첫 등장을 목격할 수 있었지만, 심지어 이때만 하더라도 오늘날과 같은 빠른 속도의 발전이 가능할 것이라고는 짐작할 수 없었다.

인공지능이 정말 지능을 가지고 있는지 확인하는 전통적인 사고 실험으로는 영국의 컴퓨터 과학자 앨런 튜링(Alan Turing)이 제안한 튜링 테스트(Turing test)가 있다. 이 테스트는 상대의 정체를 알지 못한 채 사람이 인간의 언어로 상대방과 대화를 나누었을 때 상대방이 인간인지 컴퓨터인지를 구별할 수 없다면 그 상대방 컴퓨터는 지능을 가지고 있는 존재로 인정받는 테스트다. 지능의 유무라는 다소 모호한 문제를 비교적 간단한 사고 실험으로 정의 내려서 유명한 테스트지만, 오늘날 많은 사람들이 이용하고 있는 대화형 인공지능 서비스들의 대화 능력을 생각해 보면 아마 조금 고개를 갸웃거리게 되는 부분이 있을 것이다. 아마도 상대방의 질문에 항상 일정한 형태로 반응하도록 되어 있는 설정 정도를 조금 고치면 지금 존재하는 대화형 인공지능 서비스도 튜링 테스트를 통과할 수 있을 확률이 높지만, 그렇다고 해서 지금 존재하는 인공지능들이 정말 사람처럼 스스로 생각하고 의식이 있는 존재는 아니라는 것 또한 직감적으로 다들 알고 있기 때문이다. 분명한 것은 인공지능은 아직 발전의 여지가 많이 남아 있지만, 지금 우리가 체험하고 있는 발전 양상은 확실히 인류가 한 번도 경험하지 못한 수준이라는 점일 것이다. 이런 변화의 한가운데에서 앞으로 발전할 인공지능은 어떤 일들까지 가능할지 상상해 보는 일, 그리고 지금 이 인공지능이 우리가 과거에 생각해 왔던 인공지능과는 어떤 면에서 비슷하고 어떤 면에서는 차이가 있는지를 돌이켜 보는 일은 변화의 흐름을 관찰하고 목표점을 설정하는 데 꼭 필요한 일이라고 하겠다.

근대 이후 과학 기술의 빠른 발전과 그에 따른 산업 발달은 전통적인 문학에도 큰 영향을 미쳤고, 20세기에 들어와서는 과학 기술을 주된 주제나 소재로 삼은 과학 소설(science fiction, SF) 장르가 문학과 영상 분야에 걸쳐 큰 인기를 얻게 된다. SF란 말을 만들어 낸 사람은 미국의 작가이자 편집자 휴고 건즈백(Hugo Gernsback)으로, 《랄프 124C41+(Ralph 124C41+)》("27세기의 발명왕"이란 제목으로 아동용으로 번역 출간)와 같은 작품에서 영상 통화, 입체 영상, 기상 제어, 자기 부상 열차와 같은 미래 세계에 가능해질 기술들을 그려 내기도 했다. 건즈백과 같은 일부 초기 SF 작가들은 과학 기술이 발달해 인류의 미래가 훨씬 더 좋아질 것이라는 낙관론적 입장을 취하는 경우가 많았으며, 얼마나 멋진 일들이 미래에 가능해질 것인지를 상상하는 데 주력했다.

이렇게 100여 년 전 쓰인 미래 예측 작품들을 읽어 보고 현대 사회의 모습을 다시 돌아보면 SF에서 묘사된 것보다 훨씬 더 엄청난 발전이 이루어진 분야가 있는가 하면, 어떤 분야는 SF 속의 상상이 너무 낙관적이었다는 것을 깨닫게 된다. 전자의 예로는, 대다수의 작가들이 예측한 것보다 현대의 반도체 소자와 디지털 기술의 발전이 훨씬 빠르고 정교해졌다는 점을 들 수 있다. 당시는 현대 물리학과 전파 기술, 무선 통신 등이 등장해 이미 기술의 진보는 빠르게 이루어지고 있었지만, 아날로그 기술을 넘어 대다수의 정보가 0과 1의 디지털 형태로 변환되어 처리되고 집적 회로 기술의 발달로 거대한 규모의 전기 회로가 아주 작은 칩 안에 저장될 수 있다는 생각은 쉽게 하지 못했다. 조금 더 구체적인 예를 들자면, 영상 통화라는 '기능'에 대한 상상은 아주 일찍 이루어졌지만, 그것이 브라운관 혹은 프로젝션 화면을 이용한 텔레비전과 같은 대형 장치가 아니라 손에 들고 다니는 스마트폰을 통해 이루어질 것이라는 건 예측하기 어려웠다고 할 수 있다. 이와는 반대의 예로, 흔히 SF에 단골로 등장하는 손쉬운 우주여행과 하늘을 날아다니는 자동차와 같은 기술은 아직도 실용화까지 먼 간극이 느껴지는데, 이는 단순히 현대의 과학 기술론 절대적으로 불가능하다기보다는 에너지 효율과 경제성의 문제가 더 크다고도 할 수 있다. 즉, 2025년 현재의 시점에서 평가하자면 정보 기술의 발전은 SF에서 예측한 것보다도 더 빠르게 진행되었지만, 물리적 · 자원적 한계를 극복하는 일은 아직도 미답의 영역으로 남아 있다고 생각된다. 여담으로 1980년대 혹은 그 이전에 어린 시절을 보낸 사람들이라면 아마도 당시 어린이 잡지들에 흔히 실리곤 했던 '21세기의 생활 모습' 같은 미래 예측 만화 페이지를 기억할 것이다. 정말 21세기가 된 지금 다시 이런 작품들을 찾아보는 것도 재미있는 일이라고 하겠다.

한편, 이런 낙관론과는 반대로 과학 기술이 가져올 수 있는 부정적인 결과를 묘사한 SF 작품들도 여럿 존재한다. 낙원, 이상향을 뜻하는 유토피아(utopia)의 반대 개념이라는 뜻의 디스토피아(dystopia) 소설로 흔히 불리는 이런 작품들은 과학 기술의 발전이 예측하지 못한 재앙적 결과를 불러오거나, 혹은 인류 사회의 정치 사회적 문제로 과학 기술이 잘못 사용되는 등의 이유로 현재보다 더욱 절망적이거나 억압적인 세계가 된 미래의 모습을 그리고 있다. 대표적으로 올너스 헉슬리(Aldous Huxley)의 《멋진 신세계(Brave New World)》, 조지 오웰(George Orwell)의 《1984》 같은 소설들은 과학을 주된 소재로 다루었다고 하긴 어렵지만 현재를 기준으로 미래를 예측한 소설이라는 공통점이 있다. 뒷장에서 언급될 디스토피아적 SF 작품들 역시 각각 제기하고 있는 문제의식에는 차이가 있지만 현재를 기준으로 미래를 예측하고자 하는 목적은 공유하고 있다고 할 수 있다. 이처럼 SF의 역할 중 하나는 가능한 미래 중 부정적 예측이 극대화될 수 있는 상황을 그려 냄으로써 바로 지금의 인류 사회, 그리고 그 변화하는 방향에 대한 경고를 제기하는 데에도 있다고 하겠다.

이야기를 다시 인공지능에 대한 담론으로 돌려보자면, 사람들은 언제부터 인공지능이라는 것을 꿈꾸어 왔을까? 인간은 스스로 지능과 의식이 있는 존재라는 것을 자각한 이후부터 계속 우리와 비슷한 존재를 만들 수 있지 않을까 하는 상상을 해 왔고 이런 상상들은 신화와 전설로, 때로는 문학 작품으로 표현되었다. 근대 이후 발달한 기계 공학과 전자 공학, 그리고 20세기 후반부터 가속화된 컴퓨터 기술의 발전은, 한때 신화적·문학적 상상에 머물렀던 '지성을 가진 기계'라는 개념을 점차 현실적 영역으로 이끌어 왔다. 그리고 SF의 등장과 더불어 "기계가 스스로 사고할 수 있다면 어떠한 상황이 펼쳐질까?"라는 물음은 곧 SF계에서 핵심적인 테마로 자리 잡았다. SF 속의 미래 예측에 낙관적 · 비관적 관점 모두가 존재하듯이 인공지능 역시 다양한 관점에서 검토되었는데, 이는 신화나 전설 속의 서사와 맞닿아 있으면서도, 과학적 근거와 개연성 위에서 논의되기 시작했다는 점에서 달랐다.

책의 구성

이 책에서는 이러한 SF 속에서 다루어진 인공지능의 예를 개괄적으로 조망하고, 동시에 현대 인공지능 기술과 어떤 접점을 지니는지에 초점을 맞춘다. 이 책의 구체적 구성을 간략히 제시하면 다음과 같다. 총 열 개의 장이 있으며, 각 장은 서로 다른 시기의 SF 작품이나 과학 기술의 발달 양상을 축으로 서술을 전개한다. 열 개 장은, 보다 세부적인 사례들을 시대순 혹은 주제별로 배치해 서술함으로써, 독자가 연대기적 흐름과 주제적 연관성을 함께 파악할 수 있게 구성했다.

1장은 '신화와 고전 속의 자동인형'이라는 주제를 다룬다. 그리스 신화와 중국의 고전을 비롯한 예를 살펴보도록 한다. 여기서 주목해야 할 지점은, 인류가 과연 '신과 유사한 창조 능력'을 가질 수 있는가라는 물음이다. 또한 이러한 자동인형이 인간과 얼마나 닮을 수 있는지,

그리고 실제 인간처럼 사고하거나 감정을 표현할 수 있는지에 대한 상상은 이미 고대부터 존재했음을 확인할 수 있다. 비록 현대 인공지능 개념과 직접적인 상관은 없으나, 사람과 닮은 대상을 인위적으로 만들어 낸다는 구상이 신화적 맥락에서 얼마나 다양한 형태로 전승되어 왔는지를 살펴보는 일은 인공지능의 사상사적 토대를 이해하는 데 유의미하다.

2장은 '로봇의 등장'에 주목한다. 근대 산업 혁명 이후, 실제로 기계 장치의 정교함이 증가함에 따라 "자동으로 움직이되, 단순 반복 업무를 넘어서 일부 지성적 판단까지 수행할 수 있는 기계"를 상상하는 작품들이 늘어났다. 다윈의 진화론에 따라 스스로를 개선해 발전하는 기계에 대한 상상이 등장하는가 하면, 당시 대규모 자본과 극심한 빈부 격차의 등장을 반영해 노동자 계급의 처우를 로봇에 빗대는 작품도 있었다. '로봇'이라는 개념이 처음 등장하던 시기에 이러한 작품들은 당대의 사회 문제가 투영된 결과물로서, 인간이 신기술을 대하는 태도—기대와 불안, 지배욕과 두려움—를 동시에 드러낸다고 할 수 있다.

3장은 아이작 아시모프(Isaac Asimov)에게 할애한다. 아시모프는 "로봇 3원칙"을 제시함으로써 인공지능 혹은 로봇이 안전하게 활용될 수 있으려면 어떤 윤리적·설계적 제약을 두어야 하는지를 체계화했다. 아시모프의 작품에서는 인공지능이 단순히 노동을 대체하거나 무기를 대신하는 수준을 넘어, 사회 전체를 최적화하고 인류가 더 나은 방향으로 발전하도록 이끌 수 있다는 주장이 암시적으로 제시된다.

4장에서는 아서 C. 클라크(Arthur C. Clarke)의 작품, 《2001: 스페이스 오디세이》의 HAL 9000을 다룬다. HAL 9000은 단순히 "인공지능이 인간에게 반란을 일으킨다"는 고전적 플롯을 넘어, 모호한 우선순위 충돌로 인해 사람이 의도하지 않은 결과를 낳는 사례로 자주 인용된다. 이는 "인공지능이 주어진 임무를 충실히 이행하는 과정에서 인간의 개별 이익 혹은 안전을 어떻게 판단하는가"라는 현대적 쟁점과 직결된다. 현대 자율 주행 차량이나 의료 지원 AI도 주어진 임무를 달성하기 위해 예기치 못한 부작용을 야기할 가능성을 완전히 배제하기 어렵다는 지적을 떠올리게 한다.

5장은 본격적으로 인공 신경망 모델이 처음 만들어지던 시기부터 그 초기 발전상을 간략히 다루어, 어떻게 "복잡성이 지능을 구현한다"는 개념을 구현해 왔는지를 다룬다. 같은 아이디어가 당시의 SF에서는 통신망이나 슈퍼컴퓨터가 어느 임계치를 넘어서면 의식을 갖게 된다는 설정이 등장했다. 실제 신경망 학습은 당연히 SF적 상상과는 차이점이 있지만, "네트워크가 곧 지성"이라는 상상은 이후 클라우드 컴퓨팅, 인터넷, 분산 AI로 이어지는 구체적 현실과도 긴밀히 맞물려 있다.

6장에서는 필립 K. 딕(Philip K. Dick)의 작품을 중심으로, "인공지능 혹은 인공적 존재가 자아(自我)와 정체성을 갖는 순간, 인간성과 어떤 충돌을 일으키는가"라는 철학적 쟁점을 검토한다. 딕의 많은 작품이 지향하는 핵심적 물음은 "무엇이 인간을 인간답게 만드는가?"다. 생화학적 구조가 닮은 존재나, 소프트웨어적으로 학습된 지성을 지닌 존재와 사람은 과연 어디서 갈라지는가. 복제인간, 휴머노이드 로봇, 생성형 AI는 모두 이 문제의식과 이어진다. 현대 인공지능 연구 역시 "기계가 감정과 자의식을 획득할 수 있는가"라는 문제를 두고 논쟁을 이어 가고 있으며, 딕의 작품은 이 논의가 실제 기술 및 사회에서 어떤 형태로 재현될 수 있는지 예시적으로 제시한다.

7장은 '사이버스페이스'라는 개념이 확립되면서 생겨난 새로운 상상 세계를 살핀다. 《뉴로맨서(Neuromancer)》를 필두로 한 사이버펑크(cyberpunk) 장르에서는 인공지능이 가상 공간에서 활동하고, 인간의 뇌와 직접 연결되는 네트워크 환경이 구현된다. 이런 설정은 기계적 사고와 인간적 의식 간 경계를 모호하게 만들며, 인공지능이 물리적 한계를 초월해 확산될 가능성을 암시한다. 이 장에서는 인터넷 · 가상 현실(VR) · 확장 현실(AR) 등의 발전과 SF적 사고가 어떻게 결합되고, 인공지능의 개념을 공간적으로나 관념적으로 어떻게 확장해 왔는지를 분석한다.

8장은 전쟁과 인공지능이라는 주제를 두 가지 관점에서 다룬다. 군사 기술 분야에서 드론, 전략 시뮬레이션, 사이버전 등은 이미 현실화된 분야이며, SF 작품 속에서는 'AI가 무기 체계화되어 인간을 공격한다'는 시나리오가 일찍부터 다루어졌다. 이 장에서는 발달한 인공지능과 인간 사이의 전쟁을 프랭크 허버트(Frank Herbert)의 버틀러리안 지하드(Butlerian Jihad)를 예시로 들어 살펴보고, 또한 한편으로는 인간의 전쟁에 동원된 AI와 그에 따른 연쇄 작용을 다룬 작품들에 대해서도 살펴본다.

9장에서는 '기술적 특이점(technological singularity)' 개념이 제시하는 함의를 검토한다. 특이점은 인공지능이 자가 개선 과정을 거쳐 인간의 능력을 아득히 넘어서는 시점을 의미하며, SF에서는 이미 여러 형태로 묘사된 바 있다. 학계에서도 특이점이란 소재를 진지하게 논의하지만, 과연 이러한 급진적 변화가 현실적으로 가능하고 타당한지에 대해서는 의견이 갈린다. 본 장에서는 특이점 시나리오를 다룬 주요 SF를 비교 분석하고, 또한 특이점 이후 사회 체제와 인간성의 재정의 문제를 다룬 작품들도 함께 살펴본다.

마지막 10장은 인공지능이 궁극적으로 '인간의 조력자'로 작동한다는 관점을 중심으로, 앞으로의 발전 방향을 논한다. 일부 SF에서는 인공지능이 끊임없이 반란을 일으키거나 인간을 배제하려고 시도하지만, 다른 서사에서는 AI가 인간의 의지를 존중하며, 인간에게 결코 불가능했던 영역을 개척하는 파트너로 묘사된다. 이미 현실에서도 의학 진단 보조, 우주 탐사 로봇, 복잡한 데이터 분석 등 AI가 인간 능력을 보완하고 확장해 주는 사례가 늘고 있다. 본 장에서는 이러한 협업 모델이 미래 사회에서 어떻게 제도화되고, 인류에게 어떤 기회를 열어줄 수 있는지를 집중적으로 검토한다.

이 책이 지향하는 바는 "SF가 정확히 어떤 기술을 예견했고, 어디에서 빗나갔는가"를 단순히 열거하는 데 있지 않다. 대신 SF가 제시하는 다양한 문제 상황과 질문들이, 실제 인공지능의 발전 과정에서 제기될 수 있는 의문들일 수 있다는 점을 상기하고자 하는 데 목적이 있다.

이 책이 시사하는 바는, SF라는 장르가 단순히 미래 사회를 그린 허구적 상상만을 제공하지 않는다는 사실이다. 오히려 SF는 기술적 가능성에 대한 가정과 그로 인해 발생하는 윤리적 · 사회적 결과를 종합적으로 사유하는 장르라고 할 수 있다. 이런 맥락에서, SF가 보여 주는 가상 시나리오들은 사고 실험의 역할을 하기도 한다. 예를 들어, "인공지능의 결정과 충돌하는 인간의 이해관계를 어떻게 조정할 것인가"라는 일반론적 질문은, 단순히 인공지능 자체의 가능성에 대한 질문으로 끝나지 않을 것이다. 오늘날 AI가 사회 인프라 진반에 영향을 미칠 가능성이 커지면서, 의도된 기능과 부작용을 모두 포함해 복합적인 규제가 논의되고 있다. SF 작품들은 이 과정에서 "단순히 기계를 셧다운하면 문제가 해결되는가?", "오작동을 막기 위한 규칙이 지나치게 엄격하면 AI 발전이 지체되지 않을까?", "인간 개개인의 자유와 '인류 전체'라는 관념이 충돌할 때 어떤 선택이 정당화되는가?"와 같은 쟁점을 거듭 환기시킨다. 본서가 궁극적으로 제기하는 화두는 다음과 같이 요약할 수 있다. "인간은 어떻게 기계를 통해 자신을 재발견하세 뇌었는가?" 신화에서부터 시작된 '인공 생명체'의 서사가 과학 혁명을 거쳐 SF에서 구체화되고, 실제 인공지능 연구가 이를 일정 부분 현실

화했다. 기술은 더 발전할 것이고, SF는 더 과감한 상상을 펼칠 것이다.

마지막으로 첨언하자면, 이 책에 실린 SF 목록은 절대적으로 필자가 주관적으로 의미 있다고 생각하는, 그리고 접해 본 작품의 목록일 뿐 그 외 어떤 다른 기준도 없다는 점을 분명히 밝히고 싶다. 인공지능에 대해 공부했고 아마추어 SF 애호가로서 두 가지 주제를 연결해 돌아보았을 때 가장 흥미롭다고 생각되는 작품들을 예로 들고자 했지만, 필자 본인의 한계로 인해 아주 중요한 관점을 다루고 있지만 누락된 작품들도, 그리고 본문에 묘사된 내용과는 다른 관점으로 생각할 수 있는 작품들도 분명히 있을 것이다. SF는 분명히 문학의 영역이고 개개인의 감동과 주제 의식도 모두 다를 수밖에 없는 만큼, 이 책의 언급들이 독자들의 상상력을 제한하거나 선입견을 심어 주는 부작용을 가져오지 않기를 바란다. 또한 본문의 논의를 위해 많은 작품의 간략한 줄거리가 언급되었는데, 널리 알려진 작품이거나 글의 내용상 필수적인 부분을 제외하고는 소설의 반전이나 결말을 밝혀 버리는 스포일러는 최대한 자제하려고 노력했으나 의도대로 되지 않은 부분이 있다면 미리 독자 여러분의 양해를 구하고자 한다.

01

신화와 고전 속의 자동인형

SF라는 장르가 만들어지기 오래전부터도 다양한 분야의 문학 작품에는 사람이 만들어 낸, 사람과 비슷한 행동을 보이는 자동인형에 대한 묘사가 등장한다. 이런 가장 오래된 상상 속의 자동인형들이 어떻게 묘사되었는지 살펴본다.

AI와 1인 창업?

가장 오래된 상상

인공지능이라는 개념은 20세기에 들어와서야 확립되었지만, 인류 역사가 시작된 이래 사람과 비슷한 존재를 만들어 낸다는 상상에 대한 기록은 신화를 비롯한 많은 곳에서 확인할 수 있다. 어떻게 보면 이런 묘사는 모든 신화에 공통으로 나타나는, 사람이 어떻게 창조되었는가에 대한 설명에 근원을 두고 있다고 볼 수도 있다. 신이 사람을 창조하는 과정을 따라 한다면, 사람도 사람과 비슷한 그 어떤 존재를 만들어 낼 수도 있지 않을까 하는 상상으로 이어지는 것은 일면 자연스러운 상상으로도 보인다. 물론 인간은 신이 아니기에, 인간이 창조한 이런 존재들은 보통 불완전하며 생각한 대로 움직여 주지 않는 경우가 많다. 이런 신화나 설화 속의 자동인형은 이 책에서 다루고자 하는 과학 소설 속의 인공지능과는 다소 다른 소재이지만, 사람들이 자신과 비슷한 존재를 만들어 내고자 하는 호기심이 아주 오래전부터 존재해 왔다는 사실을 확인할 수 있기에 살펴볼 가치가 있다고 생각한다.

크레타의 탈로스

그리스 신화 속에도 여러 곳에서 자동인형이 등장한다.

그중 가장 잘 알려진 예는 아마도 크레타섬을 지키던 청동 거인인 '탈로스(Talos)'일 것이다. 이 거인은 불과 대장장이의 신인 헤파이스토스가 만들어 냈으며, 크레타의 미노스 왕에게 선물로 주어져 크레타 왕국을 지키는데 사용되었다고 한다. 신이 만들었기에 인간이 창조한 자동인형은 아니지만, 스스로 판단하고 움직여서 섬을 지키도록 프로그램된 존재이기에 현대에 생각하는 로봇과 비슷한 가장 오래된 기록 중 하나일 것이다. 탈로스는 그리스 신화 속 몇 가지 서로 다른 전승에 등장하는데, 그중 가장 잘 알려진 것은 로도스의 아폴로니우스가 쓴 서사시 〈아르고호의 원정(Argonautica)〉 이야기 속 등장이다. 이 서사시에서는 탈로스는 청동 종족의 후손이며 제우스가 에우로페에게 선물했다고 묘사되어 있어서 다른 전승과 다소의 차이가 있으나, 크레타섬을 지키는 임무를 부여받았다는 것은 동일하다. 콜키스에서 황금양털을 얻은 이아손과 메데이아, 그리고 동료들은 귀환길에서 크레타섬 옆을 지나게 된다. 탈로스는 섬에 상륙하려는 배를 향해 거대한 바위를 던지는데, 온몸과 장기가 청동으로 만들어졌기에 일반적인 방법으로는 상대할 수가 없었다. 메데이아는 마법을 통해 탈로스가 약점인 발목을 스스로 드러내게 만들었는데, 탈로스의 발목만은 얇은 피부로 이루어져 있었고 그곳을 통해 몸을 채우고 있던 신의 혈액 성분이 빠져나가자 탈로스는 쓰러진다. 1970~1980년대 어린 시절을 보낸 독자들 중에는 크레타의 청동 거인이라는 이야기에서 뭔가를 떠올렸을 수도 있는데, 한국에서도 방영되어 큰 인기를 끌었던 마징가 시리즈가 바로 이 이야기를 차용했기 때문이다. 극중 마징가 Z의 적인 기계수들은 우두머리인 헬 박사가 탈로스 이야기가 사실이라고 믿고 미케네 유적을 발굴한 결과 발견한 무기들이다. 탈로스 이야기는 여러모로 거대 로봇 이야기의 원형이라 할 만하다.

그리스 신화 속 최고의 기술자인 헤파이스토스가 만들어 낸 자동인형은 탈로스만 있었던 것이 아니다. 그는 또 황금으로 시녀들을 만들었는데, 호메로스가 쓴《일리아드(Iliad)》에 따르면 이 황금 시녀들은 손발을 자유로이 움직일 수 있어서 여러 집안일을 도울 수 있었을 뿐 아니라 사람처럼 생각하고 말도 할 수 있었다고 묘사되니 어찌 보면 섬을 지키는 역할만을 했던 탈로스보다도 더 고도의 기술이 들어간 자동인형이었다고 볼 수도 있다.

전설 속의 자동인형

이와 같은 사람을 닮은 자동인형에 대한 이야기는 다른 문화권에서도 어렵지 않게 찾아볼 수 있는데, 대표적인 예로 탈무드를 비롯한 유대교 전승에 등장하는 골렘이 있다. 골렘은 진흙으로 만든 사람 모양으로, 탈무드에 따르면 애초에 아담 또한 진흙으로 만들어진 뒤 야훼가 숨을 불어넣었다고 전한다. 이와 비슷하게 진흙으로 사람 모양을 빚은 뒤 랍비가 부적을 붙여 움직이게 만드는 묘사가 유대교 전승에 전하는데, 물론 신의 권능에 비할 순 없으니 실제로 사람처럼 행동하기보다는 단순한 명령을 그대로 따르는 존재로 묘사되는 경우가 많았다.

중국의 고사에서도 자동인형의 예를 찾아볼 수 있다. 춘추시대 도가의 사상가인 열자(列子)의 저삭이라 전하는 《열자》의 탕문편(湯問編)에 등장하는 일화가 대표적으로, 주나라 목왕이 서쪽 지방을 돌아보다 언사(偃師)라는 공인(工人)을 만난다. 언사는 목왕에게 창우(倡優)라는 인형을 선보이는데, 이 인형은 걸어 다니는 것을 비롯해 춤과 노래까지 선보이는 재주를 보였다. 목왕은 사람이 조물주와 비슷한 능력을 보일 수도 있는 것인지 감탄했다고 기록되어 있다.

이렇게 여러 문화권에 등장한 자동인형들의 묘사에서

공통된 점을 찾아보자면 일단 자동인형들은 사람의 형상과 비슷한 모양을 취하고 있는 정교한 인형으로 묘사되는 경우가 많다는 점이다. 어쩌면 비슷한 형태를 지닌 것들에 비슷한 성질이 깃든다는 믿음이 이런 신화에 반영된 것일 수도 있고, 혹은 사람과 비슷한 일을 해내려면 일단 형태가 비슷해야 한다고 생각했을 수도 있다. 하지만 당연히 형태와 움직임을 재현하는 것과 실제 사람의 생각과 능력 사이에는 큰 차이가 있다는 것을 누구나 알았기에 지능에 대한 묘사는 다소 소극적이거나 혹은 신의 권능을 빌려서야 가능한 것으로 받아들여졌다. 그렇기에 형태만 흉내를 낸 사람 모양의 인형은 사람에 비해 열등한 존재로 묘사되었고, 때로는 어리석은 사람을 이런 인형에 빗대어 놀리기도 했다. 이야기 속 골렘은 종종 부정확한 명령이나 다른 결함으로 인해 예상치 못한 결과를 만들어 내어 폭주하거나 주인에게 낭패를 끼치는 존재로 등장한다. 이런 골렘이라는 단어는 때로는 어리석은 사람을 지칭하는 데 쓰이기도 해 왔으며, 창우라는 이름 또한 광대를 뜻하는 다른 말로 쓰이기도 했다는 것에서 이런 자동인형들을 낮은 지능을 가진 존재로 취급했음을 알 수 있다.

오토마톤과 체스 두는 터키인

이렇듯 사람들은 지렛대나 바퀴, 도르래와 같은 직관적인 간단한 기계 장치(simple machine)가 할 수 있는 일보다 한층 더 복잡한 작업을 자동으로 수행하는 기계에 대한 개념을 오래전부터 생각해 왔음을 알 수 있다. 호메로스는 《일리아드》에서 자동으로 열리는 문이나 수레 등을 '오토마톤(automaton)'이라는 이름으로 지칭했다. 이후 기술이 발전함에 따라 근대 유럽에서는 톱니바퀴와 용수철, 태엽 등의 장치를 이용해 정교한 동작을 구현하는 오토마톤들이 실제로 등장하게 된다. 시계 장치에서부터 동물 모양 인형까지 다양한 형태와 기능을 갖는 오토마톤들이 만들어졌지만, 역시 사람 모양의 인형들이 더 주목을 끌었고 이 중 가장 유명했던 것은 체스를 두는 자동인형인 '기계 튀르크인(Mechanical Turk)'이었다. 단지 정교하게만 움직이는 장치가 아니라 사람을 상대로 체스를 두는, 인공지능을 가진 자동인형을 만든 것이었기 때문에 당시로서는 매우 큰 화제가 되었다. 체스 실력 또한 당시 상대할 수 있는 사람이 거의 없었을 정도였다고 전한다. 물론 당시의 기술로 불가능한 일이었던 만큼 많은 사람들은 아마도 기계 장치의 어딘가에 체스 마스터가 숨어서 기계를 조작했을 거라고 추측했으나,

정확한 진상이 밝혀지지는 않았다고 한다. 컴퓨터가 체스 챔피언을 실제로 이길 수 있었던 것은 1990년대 후반에 만들어진 IBM의 딥 블루(deep blue)가 최초였다.

여담으로, 오토마톤과 기계 튀르크인이라는 이름들은 이후 현대의 컴퓨터 과학에서 조금씩 다른 의미를 갖게 된다. 오토마톤의 복수형인 오토마타(automata)라는 용어는 범용적인 계산을 가능하게 하는 장치에 대한 수학적 모델을 가리키는 용어로 사용되고 있다. 기계 튀르크인은 2000년대 중반 아마존에서 만들어 낸 집단 지성 시스템의 이름으로 사용되었는데, 이 서비스는 당시만 해도 컴퓨터가 처리하기 어려웠던 작업들을 수많은 사람들의 작은 참여를 통해 구현하는 데 목표가 있었다. 예를 들어 컴퓨터가 손으로 쓴 글씨를 잘 처리하지 못하는 경우 그것을 이 서비스 이용자들에게 의뢰해 처리하는 식이었는데, 이런 시스템은 인공-인공지능(artificial artificial intelligence)이라는 아이러니컬한 이름으로 불리게 된다.

참고문헌

열어구(2009). 《열자》. 임동석 옮김. 동서문화사.

Homer(1920). *The Iliad*, with an English Translation by A. T.

Murray, Ph.D. in two volumes. Cambridge, MA: Harvard University Press; London, William Heinemann, Ltd. https://archive.org/details/in.ernet.dli.2015.281510/page/n3/mode/2up

Rhodius, A.(1988). *The Argonautica*, with an English translation by R. C. Seaton. Cambridge & London: Harvard University Press & William Heinemann (The Loeb Classical Library).

02
로봇의 등장

근대 소설 중 가장 먼저 인공지능이 등장한 것으로 알려진 소설인 《에레혼》을 소개하고 로봇이라는 말이 처음 사용된 카렐 차페크의 희곡 《로숨의 유니버설 로봇》에서 다루어진 로봇의 인간에 대한 반란, 그리고 그와 비슷한 소재를 다룬 프리츠 랑 감독의 고전 SF 영화 〈메트로폴리스〉에 대해 다룬다.

AI와 MBTI?

생각하는 기계를 상상하다

산업 혁명과 가공 기술의 발달을 통해 사람들은 정밀한 기계 장치를 이용한 자동인형을 상상하고 일부 기계적 장치는 실제로 만들 수도 있게 되었지만, 한편으로는 이런 자동인형들이 실제로 사람처럼 말하고 생각할 수 없다는 점은 더 분명해졌다. 신의 힘을 빌려 사람과 같이 일정 부분 행동할 수 있던 신화 속 자동인형에 비교해 보면 더더욱 이러한 모자람이 드러나는데, 어떻게 보면 실제로 기술이 발전함에 따라 사람들의 상상이 보다 더 현실적이고 구체적인 모습을 지니게 되었다고 볼 수도 있다. 그리고 사람들은 점점 초자연적인 힘을 빌리지 않고도 스스로 생각하거나 행동할 수 있는 기계에 대해서도 생각할 수 있게 되었다. 물론 인공지능은커녕 컴퓨터에 대한 개념도 제대로 정립되기 전이었지만, 문학적 상상력은 실제 컴퓨터가 만들어진 것보다 훨씬 더 앞서서 스스로 생각하는 기계에 대해 묘사해 낼 수 있었다.

새뮤얼 버틀러의 에레혼

자동인형에 대한 묘사는 앞 장에서 예를 들었던 것처럼 아주 오래전부터 전하는 신화나 설화 속에서도 찾아볼 수 있고, 또 오토마톤이라고 분류할 수 있는 자동인형에 대한 묘사 또한 드물지 않게 연극이나 소설 속에서 찾아볼 수 있었지만, 현재의 인공지능과 비슷한 개념이 처음으로 등장했다고 널리 인정되는 첫 작품은 1872년에 영국의 작가 새뮤얼 버틀러(Samuel Butler)가 출간한 《에레혼: 또는, 산맥 너머(Erewhon: or, over the range)》라는 소설이다. 에레혼은 작중 주인공이 산속을 탐험하다 발견한 국가의 이름인데, 이 사회는 어떤 면에서는 화자가 알고 있는 유럽의 사회와 닮아 있었지만 그 도덕이나 가치관에서는 굉장히 다른 곳이었다. 사실 이 소설은 당시 빅토리아 시대의 유럽 사회를 풍자하고자 쓴 이야기로, 많은 부분에서 당시 사회의 가치, 도덕, 종교에 의문을 던지는 것이 작가의 주된 의도였다고 한다. 에레혼이라는 이름부터가 사실 아무 데도 없는 곳이라는 뜻의 영어 단어 '노웨어(nowhere)'를 거꾸로 나열해서 만들어진 단어였다. 이 소설에는 사실 실제로 사람과 같이 생각할 수 있는 기계가 직접 등장하는 것은 아니지만, 작중 액자식 구성으로 등장하는 '기계의 책(The book of machines)'이라는 장을 통해 인공지능의 가능성에 대해 심도 있게 다루었다. 또한 이 소설 속에서 묘사된 인공지능의 가능성은 초자연적인 힘을 통해서 만들어지는 것도, 사람에 의해 창조되는 것도 아니다. 에레혼의 사람들은 많은 특이한 믿음을 갖고 있었는데, 대표적으로 에레혼 사람들은 기계의 발전을 굉장히 경계해서 단순한 도구를 넘어선 복잡한 도구를 만드는 일을 금기시하고 있었다. 그 이유가 굉장히 특이한데, 이들은 바로 이런 복잡한 기계 장치들은 언젠가 스스로 기계를 만들어 낼 수 있게 될 것이고 그렇게 되면 언젠가는 기계들이 스스로 생각하고 사람의 통제를 벗어나 결국엔 사람을 지배할 수 있게 될 것이라고 생각하기 때문이었다. 어떻게 보면 놀랍게도 현대적인 발상이 아닐 수 없다. 이는 작가인 새뮤얼 버틀러가 찰스 다윈(Charles R. Darwin)의 진화론에 큰 영향을 받았기 때문으로,《종의 기원(On the origin of species)》이 출판된 것이 1859년이었고 이에 자연 선택이라는 개념을 기계에 적용해 생각해 낸 이야기로 보인다.

SF 분야의 정립

《에레혼》은 분명 인공지능에 대한 묘사라는 관점에서는 선구적인 작품이지만 작품의 주된 주제는 당시의 사회 체제에 대한 비판이었다고 할 수 있다. 19세기 과학 기술의 발전은 문학에도 큰 영향을 미쳐서 과학 기술이 이야기의 주된 소재 혹은 뼈대가 되는 작품들이 등장하기 시작했다. 아직은 과학 소설(science fiction)이라는 이름이 붙여지기 전이었지만, 메리 셸리(Mary Shelley)의 《프랑켄슈타인(Frankenstein)》은 흔히 최초의 과학 소설 중 하나로 받아들여진다. 일각에는 공포 소설로도 알려져 있고 분명히 그런 면도 있지만, 당시 전기로 죽은 개구리 다리를 움직이는 실험을 통해 생체 전기에 대한 연구가 첨단 과학으로 받아들여졌던 점 등을 고려할 때 과학 소설의 요소를 충분히 갖추었다고 볼 수 있다. 이후 쥘 베른(Jules Verne)이나 H. G. 웰스(H. G. Wells)와 같은 작가들은 과학 기술을 소재로 다룬 중요한 작품을 여러 편 출간해서 현대 과학 소설이라는 분야가 생겨나는 데 큰 공헌을 한다. 이런 과학 소설의 특징이라면 과학적 현상 그리고 발전 가능성에 대한 개연성 있는 묘사를 들 수 있다. 물론 시대적 한계에 따라 일부 부정확한 묘사가 있을 수도 있고, 또 과학 소설 내의 과학에 대한 묘사가 항상 사실만을 담고 있다고 볼 수는 없지만, 개연성 있는 과학적 상상력이라는 특징은 모든 과학 소설이 현재까지도 가지고 있는 가장 기본적인 지향점이 아닐까 싶다. 과학 소설이라는 이름은 미국의 잡지 간행자이자 작가였던 휴고 건즈백(Hugo Gernsback)이 사이언티픽 픽션(scientific fiction)이라는 이름으로 처음 사용하기 시작해 이후 사이언스 픽션으로 자리 잡았다. 건즈백은 1926년 《어메이징 스토리즈(Amazing stories)》라는 과학 소설 전문지를 창간해 많은 작가를 발굴해 내게 된다.

로봇

한편, 비슷한 시기인 1923년 체코의 작가인 카렐 차페크(Karel Čapek)는 《로숨의 유니버설 로봇(Rossum's universal robot)》이라는 희곡을 써 내는데, 이 작품은 '로봇'이라는 단어를 처음 만들어 내 사용한 것으로 유명하다. 사실 작품 속에 등장하는 로봇은 기계 장치로 만들어진 로봇이 아니라 사람과 비슷한 생체 조직을 갖고 있는 인조인간과 비슷한 존재이며, 로봇이라는 단어 또한 본래 노동자 혹은 농노를 뜻하는 단어에 기원을 두고 만들어진 단어라고 한다. 이 작품의 제목은 극 중 등장하는 로봇 제조 회사의 이름인데, 여기서 대량 생산된 로봇들은 사람들이 꺼리는 위험하고 힘든 일들을 모두 도맡게 된다. 이런 상황 속에서 지능이 더 개선된 로봇들이 만들어지고, 이 로봇들은 자신들을 부리는 인간에게 반란을 일으켜 결국 인간은 모두 멸망하게 된다는 비극적 이야기다. 이 이야기는 당시 만연한 자본가 계급의 노동자에 대한 착취를 비유하고 있는데, 연극 자체도 큰 성공을 거두면서 여기서 처음 사용된 로봇이라는 단어는 이후 전 세계로 퍼져서 사용되게 된다.

비슷한 시기에 로봇을 다룬 또 다른 작품은 소설이나 연극이 아니라 당시 최첨단 매체였던 영화였다. 오스트리아 출신 영화감독인 프리츠 랑(Fritz Lang)이 제작해 1927년 개봉한 〈메트로폴리스(Metropolis)〉라는 흑백 무성 영화로, 여주인공 마리아를 본떠 복제한 – 아직 로봇이라는 단어가 널리 보급되기 전이었기 때문에 기계인간(machine-man)이라는 단어로 표현된 – 인간형 로봇이 등장해 노동자들의 반란을 선동한다. 이 영화는 암울한 미래 사회의 빈부 격차를 다루고 있는 영화이지만 로봇이라는 존재와 미래의 거대 도시가 그 특유의 분위기를 만들어 내 후대의 사이버펑크를 비롯한 다양한 장르에 큰 영향을 미쳤다.

걸리버 여행기 속의 인공지능

마지막으로, SF 소설로 보기엔 어렵지만 근대 문학 속에 등장하는 인공지능을 하나 더 언급하고자 한다. 18세기 영국의 작가 조너선 스위프트(Jonathan Swift)의 풍자 소설 《걸리버 여행기(Gulliver's travels)》 3부에서 주인공인 걸리버는 하늘을 떠다니는 섬 라퓨타와 그 라퓨타에 의해 지배되는 발니바비를 방문하게 되는데, 이 여정 중에 발니바비의 수도인 라가도에 위치한 학술원을 방문하게 된다. 걸리버는 여기서 학술원의 학자들이 연구하고 있는 온갖 쓸데없는 (혹은 쓸데없어 보이는) 학문과 장치들을 목격하는데, 걸리버 여행기는 당시 영국 사회를 풍자하는 것이 주된 목적이었던 만큼 이 학술원도 당시 영국의 왕립학회를 풍자한다고 여겨진다. 여기서 걸리버가 목격한 '기관(The engine)'이라고 하는 장치가 흥미로운데, 이 장치는 조그만 나무 조각들에 수많은 단어를 써 붙이고 거기 연결된 가느다란 줄을 당겨 문장을 만들어 내는 장치였다. 물론 이 장치는 거의 쓸모없는 무작위의 단어 조합들만을 배출하고 있었고 작가는 이를 통해 학회의 학자들이 얼마나 쓸모없는 데 시간과 자원을 낭비하는지를 비웃고 있지만, 단어들을 조합하는 방법을 학습해 언어를 표현한다는, 오늘날의 생성형 인공지능(generative AI)의 기본 동작 원리와 놀라울 정도의 유사성을 보여 주고 있다는 점이 놀라울 뿐이다.

한편, 걸리버 여행기가 출판된 1726년은 아이작 뉴턴(Isaac Newton)이 사망한 해라는 것을 생각해 보았을 때, 스위프트가 쓸모없다 비웃은 연구들은 사실 인류 근대사에서 가장 중요한 연구들이었을 수도 있다.

참고문헌

Butler, S.(1927). *Erewhon: or, over the range.* The Modern Library

Capek, K.(1923). *Rossum's universal robot.* Courier Dover Publications.

Swift, J.(1902). *Gulliver's travels.* UK: Plain Label Books.

Wikipedia, Metropolis (1927 film). https://en.wikipedia.org/wiki/Metropolis_(1927_film)

03
아시모프와 로봇

인공지능에 대해 다룰 때 빠질 수 없는 작가인 아이작 아시모프의 로봇 3원칙에 대해 소개한다. 단편집 속의 로봇, 로봇 시리즈와 파운데이션 시리즈로 이어지는 세계관 속에 묘사된 다양한 인공지능과 로봇의 모습들에 대해 다룬다.

AI와 난임 극복?

아이작 아시모프와 로봇 3원칙

SF 속의 인공지능, 그리고 로봇에 대한 이야기에서 아이작 아시모프(Isaac Asimov)는 언제나 가장 먼저 언급되는 작가일 것이다. 사실 SF 속의 묘사로 한정 짓지 않더라도 아시모프가 생각해 낸 로봇 3원칙은 실제 인공지능의 발전 가능성과 그에 따른 안전장치에 대해 이야기할 때 빼놓을 수 없는 주제라고 할 수 있다. 아시모프는 공산 혁명 직후인 1920년 소비에트 연방에서 태어나 세 살 때 가족이 미국으로 이주한다. 컬럼비아대학교에서 화학을 전공해 박사 학위까지 취득했으며 이후 보스턴대학교의 생화학 교수로 재직하게 된다. 한편, 아시모프는 작가로서의 활동도 학업과 병행했는데, 어떻게 가능했는지는 모르겠지만 대학원 재학 중 여러 편의 과학 소설을 출판했다. 아시모프의 대표작 중 하나이며 첫 발표 후 약 50년 뒤 장편으로 다시 쓰인 단편 소설 〈전설의 밤(Nightfall)〉도 이 시기에 쓰인 작품이다. 같은 시기에 아시모프는 로봇 시리즈로 불리는 일련의 단편 소설들을 당시의 과학 소설 전문지이던 《어스타운딩 사이언스 픽션(Astounding science fiction)》에 발표하게 되는데, 이 소설들은 이후 1950년 《아이, 로봇(I, Robot)》이라는 이름의 단편집으로 묶여 출판된다. 이 단편들은 이후 아시모프의 가장 중요한 두 시리즈 중 하나인 로봇 시리즈(다른 하나는 파운데이션 시리즈)의 근간이 되는 중요한 작품들인 동시에, 로봇 3원칙이 처음 등장하는 단편들이기도 하다.

《아이, 로봇》과 로봇 3원칙

가장 먼저 발표된 〈로비(Robbie)〉와 〈추론(Reason)〉 두 작품에는 비록 로봇 3원칙이 직접적인 형태로 등장하진 않지만, 로봇이 사람을 보호하는 게 줄거리의 가장 중요한 부분이었기에 로봇 제1원칙에 대한 생각은 이런 첫 작품들에서부터 표현되어 있다고 볼 수 있다(이 작품들은 이후 단편집으로 출판될 때 로봇 3원칙에 대한 언급이 추가되었다고 한다). 세 번째로 발표된 작품인 〈거짓말쟁이!(Liar!)〉에서는 드디어 제1원칙이 처음 직접적으로 언급되었고, 이후 〈탑돌이(Runaround)〉라는 작품에서는 로봇 3원칙이 모두 함께 등장하게 되는데, 그 내용은 다음과 같다.

> 제1원칙. 로봇은 사람을 다치게 하거나, 사람이 해를 입도록 방치해선 안 된다.
>
> 제2원칙. 로봇은 제1원칙을 위반하는 경우가 아니라면 사

람의 명령을 따라야 한다.

제3원칙. 로봇은 제1, 제2원칙을 위반하는 경우가 아니라면 스스로를 보호해야 한다.

이러한 로봇 3원칙은 아시모프의 로봇 시리즈에 등장하는 모든 로봇의 양전자 두뇌(positronic brain)를 설계할 때 기본적인 구조의 일부로 포함되어 있기에 로봇들은 이 규칙들을 벗어나게 되는 경우 그것이 강제된 상황이라고 해도 두뇌 회로가 망가져 더는 동작할 수 없게 된다. 전기 회로에서 과전류가 흐르면 녹아 버리는, 일종의 전기 퓨즈와 비슷한 개념의 안전장치로 도입되었다고 생각할 수 있다. 이 규칙들에 묶여 있는 채로 다양한 상황과 임무에 처한 로봇들 때문에 벌어지는 사건들이 《아이, 로봇》에 수록된 다양한 이야기들이다.

〈탑돌이〉에는 수성 탐사라는 특수한 임무 때문에 특별 제작된 스피디라는 이름의 로봇이 등장하는데, 이 로봇은 다른 로봇에 비해 제3원칙이 더 강하게 설정되어 있어서 위험한 임무 수행 중 제2원칙과 제3원칙이 서로 갈등하게 되는 일종의 교착 상태에 빠지게 된다. 이 상황을 벗어나기 위해 등장인물 중 한 사람이 위험에 처함을 보여 줌으로써 제1원칙을 최우선시하게 되어 교착 상태를 탈출할 수 있게 된다는 이야기다.

이처럼 로봇 3원칙은 항상 예측한 대로 작동하지는 않는다는 걸 알 수 있다. 그 예로 〈거짓말쟁이!〉에 등장하는 '허비'라는 이름의 로봇은 설계 결함으로 우연히 사람의 마음을 읽을 수 있는 능력을 갖게 되었는데, 이 능력 때문에 오히려 사람들의 마음을 다치지 않게 하기 위한 거짓말을 일삼게 된다. 사람의 마음을 다치게 하는 것도 제1원칙의 위배라고 생각해 진실이 아니더라도 오직 상대방이 듣고자 하는 좋은 말만을 하게 되는데, 이 거짓말에 속아 실연의 상처를 입은 사람이 여러 이야기에 '로봇 심리학자'로 등장하는 수전 캘빈 박사다. 캘빈은 허비의 능력과 거짓말의 이유를 알아차리고 거짓말을 믿었던 사람들이 나중에 더 큰 상처를 입었다는 것을 알려 주어 허비를 고의로 고장 나게 만든다. 이때 시작된 아시모프의 로봇 시리즈는 이후에도 세계관을 공유하는데, 캘빈 박사는 먼 후대까지도 전설로 전하는 중요한 인물이라 하겠다.

로봇 3원칙을 넘어서

수전 캘빈 박사는 《아이, 로봇》의 마지막 두 단편이자 긴밀하게 연결된 작품들인 〈증거(Evidence)〉와 〈피할 수 없는 갈등(The evitable conflict)〉에도 등장한다. 〈증거〉에는 사람과 똑같이 생기도록 만들어진 로봇이 아닌가 하는 의심을 받는 정치인이 등장하는데, 그 원인은 아이러니컬하게도 이 정치인의 삶이 너무 모범적이라는 것이었다. 이 정치인은 결국 제1원칙을 어기는 모습을 대중에게 보여 주어 로봇이 아님을 증명하는데, 캘빈 박사는 여기엔 사실 트릭이 있었을 것이라 생각한다.

이 정치인은 〈피할 수 없는 갈등〉에서는 더욱 큰 역할인 세계 정부의 수장 역할까지 맡게 되는데, 이 이야기에는 기계들(The machines)이라 불리는, 인공지능 자체를 이용해 더 성능을 발전시킨 인공지능을 설계해 제작한 고성능 인공지능이 등장한다.(과거에 출판된 아이디어회관의 SF 문고에는 '머신 X'라는 이름으로 등장한다. 책의 제목도 《로봇 머신 X》로 출간되었다.) '기계들'은 엄청난 연산 기능을 가지고 있어서 사회 모든 곳의 문제에 대해 가장 좋은 결과를 가져올 수 있는 계획을 매우 복잡한 계산 모델을 통해 예측해 인류 사회의 많은 문제를 해결하게 되지만, 한편으로는 '기계들'이 자신들의 정책을 결정하는 데 반감을 가진 사람들의 저항에 부딪히게 된다. 하지만 완벽할 것만 같았던 인공지능의 정책들은 예측하지 못한 사고를 불러일으키게 되며, 전에 없던 실수를 걱정한 시계 정부의 수장은 다시 수전 캘빈 박사에게 상의하게 된다. 캘빈 박사는 이 사고들이 사실은 반대파의 저항을 무마하고자 '기계들'이 일부러 계획한 사고라는 사실을 알아내게 된다. 이 〈피할 수 없는 갈등〉은 단편집《아이, 로봇》의 마지막 이야기로, 이 단편집의 작품들은 아주 단순한 말하는 기능도 없는 로봇부터 시작해 지구 전체를 관리할 수 있는 고성능 인공지능이 개발되기까지의 수십 년을 보여 주고 있으며, 이후 아시모프의 로봇 시리즈와 파운데이션 시리즈를 아우르는 큰 복선을 제공하고 있기도 하다. 〈피할 수 없는 갈등〉의 '기계들'은 사람들이 일시적으로 직업을 잃게 되거나 다치는 사고를 일으키는데, 이는 사실상 제1원칙에 정면으로 위배되는 일이기에 원칙적으로 불가능했어야 할 일이지만, '기계들'의 유지가 인류 번영에 필수적이라는 판단 아래 제1원칙의 인간을 '인류 전체'로 확대 해석한다. 이 작품의 마지막 대화는 다음과 같다.

"얼마나 끔찍한가!"
"아마도 '얼마나 훌륭한가!'라고 해야겠죠. 생각해 보세요. 마침내 모든 갈등은 피할 수 있게 되었어요. 이제 피할 수 없는 건 오직 '기계들'뿐이죠."

은하 제국과 로봇, 그리고 제0원칙

한편, 아시모프는 《아이, 로봇》의 시점에서 2천 년이 넘게 시간이 흐른 배경, 인류가 항성 간 여행 기술을 개발해 수십 개의 외계 행성을 개척한 뒤 오히려 지구는 고립된 수십 개의 도시들을 제외하고는 황폐화된 시기를 배경으로 하는 장편 소설들을 이어서 집필한다. 첫 작품인 《강철 동굴(The caves of steel)》에는 지구인 형사 일라이저 베일리와 외계에서 파견된 인간 모양의 로봇 R. 다닐 올리버(이름 앞의 R.은 로봇임을 나타낸다)가 협력해 살인 사건을 수사하게 되는 이야기다. 이 둘은 이후에는 다른 행성들에서 벌어진 사건 해결에도 협력하게 된다.

한편, 아시모프의 또 다른 장편 시리즈인 파운데이션(foundation) 시리즈는 본래 작가가 《로마 제국 쇠망사》에서 영향을 받아 집필한 제국의 몰락에 대한 SF로, 은하 제국의 쇠퇴과 새로운 문명사회의 부활을 그리는 작품이다. 이 시리즈는 지구는 이미 전설 속의 존재가 된, 로봇 시리즈보다 훨씬 더 이후의 먼 미래를 배경으로 하고 있는데, 본래 처음 쓰였던 파운데이션 3부작에 로봇은 등장하지 않으며, 심리역사학(psychohistory)을 이용한 미래 예측 및 그 예측을 지켜 나가기 위해 만들어진 파운데이션과 제국 사이의 대립, 그리고 예측 못 한 특이점으로 작용하는 인물 '뮬(The Mule)' 등이 다루어진다. 심리역사학은 아시모프가 만들어 낸 가상의 이론으로, 은하제국과 같은 대규모 사회를 수식을 통해 모델링할 수 있는 도구로 등장한다. 비록 직접적인 연관성은 소설에 등장하지 않지만, 이 대목에선《피할 수 없는 갈등》의 '기계들'이 가지고 있는 계산 능력이 떠오르게 된다.

이렇게 서로 별개의 이야기이던 파운데이션 시리즈와 로봇 시리즈의 세계관을 아시모프는 이후 로봇 시리즈의 후편에 해당하는《여명의 로봇(Thr robots of dawn)》,《로봇과 제국(Robots and empire)》과 파운데이션 시리즈의 후편에 해당하는《파운데이션의 끝(Foundation's edge)》,《파운데이션과 지구(Foundation and earth)》 등을 집필하며 연결하게 된다. 이 중《여명의 로봇》에는 R. 지스카드라는 이름의 다른 로봇이 등장하는데, 이 로봇은 거짓말을 하던 로봇 허비의 능력과 파운데이션 시리즈의 특이점, 뮬의 능력을 같이 가지고 있는 로봇이었으며, 이후 인류의 미래를 위해 R. 다닐 올리버와 함께 로봇 3원칙에 우선하는 제0원칙을 만들어 내게 된다. 제0원칙은 다음과 같다.

제0원칙. 로봇은 인류에게 해를 끼쳐서는 안 되며, 필요한 행동을 하지 않음으로써 인류가 해로운 결과를 맞게 해서도 안 된다.

여기에 따르면 제1원칙에 위배되는 행위라 해도, 그것이 인류 전체에 미치는 해악을 줄일 수 있는(이익을 증대시키는 방향이 아니라는 것도 흥미롭다) 행위라면 반드시 행해야 하는 당위를 로봇에 강제하게 된다. 이 원칙에 따른 로봇들의 계획에 따라 인류는 이후 지구를 버리고 은하계 제국을 건설해 오랜 기간 번영을 누리게 된다.

그 외의 이야기

양전자(positron)는 전자(electron)의 반입자로 아시모프가 처음 로봇에 대한 이야기를 집필하기 시작하던 때에는 그 개념이 알려진 지 오래되지 않았을 때였다. 아시모프는 전자적(electronic)이라는 말이 있는 만큼 양전자적(positronic)이라는 단어도 사용할 수 있을 것이라고 생각하고 이런 이름을 지었는데, 사실 양전자는 대부분의 반입자가 그렇듯 일반적인 상황에서는 존재 자체가 어려운 물질이기 때문에 오늘날까지도 이 단어는 아시모프의 로봇 시리즈에서 사용되는 것이 거의 유일한 용례로 남아 있다. 아시모프가 처음 만들어 낸 단어는 또 있는데, 로보틱스(Robotics, 로봇 공학)라는 단어를 처음 사용한 것도 아시모프였다. 오늘날에는 로봇 공학이 엄연히 학문의 한 분야로 받아들여지지만, 로봇이라는 존재가 창작물 속에서만 등장하던 당시에는 기계 공학 혹은 전기 공학이라는 용어는 쓰였어도 로봇 공학이라는 단어는 만들어지기 전이었다.

참고문헌

아이작 아시모프(2016). 《로봇 머신 X》. 이원수 옮김. 쿠키북스.

아이작 아시모프(1992). 《로봇 1:강철도시》. 정철호 옮김. 현대정보문화사.

아이작 아시모프(1991). 《파운데이션 시리즈》. 최서래·김옥수 옮김. 현대정보문화사.

Asimov, I.(2018). *I, Robot*. UK: HarperCollins Publishers Limited.

04
HAL 9000

아서 클라크의 원작을 바탕으로 스탠리 큐브릭 감독이 제작한 〈2001 스페이스 오디세이〉 속 묘사된 HAL 9000은 인공지능이 인간과 우주 탐사의 주도권을 쥐기 위해 싸우는 모습을 보여 줌으로써 이후 매체의 인공지능 묘사에 큰 영향을 미쳤다. 인공지능과 사람이 특정 임무를 두고 대립하는 경우의 딜레마에 대해 다루어 본다.

AI와 사주?

아서 클라크와 하드 SF, 미래 예측

아서 C. 클라크(Arthur C. Clarke)는 영국 출신의 SF 작가로, 아이작 아시모프(Isaac Asimov), 로버트 A. 하인라인(Robert A. Heinlein)과 더불어 20세기 최고의 세 거장이라는 의미의 빅 3로 평가받는다. 클라크는 제2차 세계 대전 기간 영국 공군의 레이더 기술 분야에서 근무했는데, 이때 얻은 항공 우주 분야에 대한 지식이 이후의 과학 소설 집필에 큰 영향을 미쳤다고 한다. 전쟁이 끝난 뒤엔 킹스 칼리지 런던(King's College London)에서 수학과 물리학을 공부하며 남다른 업적을 남기기도 했다. 클라크는 1945년 적도와 평행인 지구 정지 궤도 위성을 이용하면 지구 전체를 연결하는 무선 통신 및 방송이 가능하다는 논문을 기고했는데, 이후 실제로 클라크가 제안한 이론대로 전 세계 사이의 무선 통신 및 실시간 방송 중계가 이루어지자 이런 위성의 궤도는 클라크 궤도(Clarke orbit)라고 불리게 된다. 위성의 공전 속도와 지구의 자전 속도가 같은 정지 위성 궤도가 존재한다는 사실은 클라크 이전에도 알려져 있었지만, 이를 통신에 활용하자는 아이디어는 그가 처음 발표했다고 한다. 이런 일화에서 알 수 있듯이 클라크는 실제로 존재하는 현대의 과학 기술을 기반으로 하는 정밀한 상상에 특기가 있었고 대표적인 하드 SF 작가로 꼽히게 된다.

아시모프 또한 본인이 과학자였지만 그의 소설 속 상상력은 당시 현실 속의 특정 기술을 이용하기보다는 이런 일이 가능하다면 어떨까 하는 데 맞춰져 있던 반면, 클라크는 현재 존재하는 기술을 단서로 거대한 이야기를 풀어내는 장점이 두드러졌다고 할 수 있다. 그는 미래에 대한 다양한 예측을 써낸 미래학자로도 유명한데, 그가 과학 발전에 대해 언급한 '클라크의 세 가지 법칙'이 널리 알려져 있다.

1. 훌륭한, 그리고 나이 든 과학자가 어떤 일이 가능하다고 할 때 그 의견은 거의 항상 옳다. 같은 과학자가 무언가가 불가능하다고 주장한다면 그 예측은 틀릴 가능성이 매우 높다.
2. 가능한 일의 범위를 알아낼 수 있는 유일한 방법은 가능성의 한계를 아주 조금 넘어서 불가능의 영역을 탐험하는 것뿐이다.
3. 모든 충분히 발전한 기술은 마법과 구별할 수 없다.

이 중 세 번째 법칙이 특히 유명해 자주 인용되는 편인데, 오늘날 사람들이 일상적으로 이용하는 과학 기술이 불과 수백 년 전 사람들에게 어떻게 받아들여졌을지 생각해 보면 쉽게 납득이 된다. 이 법칙들은 그의 소설 속에 등장하는 것이 아니라 그가 미래에 대해 기고한 에세이에 등장하지만, 현재 존재하는 지식의 한계를 기반으로 거대한 상상력과 연결하는 그의 소설들 또한 그의 이런 믿음들을 잘 보여 준다.

모놀리스, 달, 그리고 목성 탐사

로봇 시리즈와 파운데이션 시리즈가 거대한 하나의 세계관으로 연결되는 아시모프와 달리, 클라크의 작품들은 주제 의식의 공유는 있을지 몰라도 서로 다른 시리즈 혹은 작품들 사이의 세계관은 구별되어 있다. 그중 가장 잘 알려진 시리즈라고 할 수 있는 '2001: 스페이스 오디세이(2001: A space odyssey)'는 사실 클라크의 단독 작품이 아니라, 그의 단편 소설 〈파수(The sentinel)〉에서 착안해 스탠리 큐브릭(Stanley Kubrick) 감독과 함께 집필한 영화 각본이었다. 이후 클라크는 해당 각본을 다시 수정해 장편 소설로 발표했다. 파수는 미래에 달 표면에서 어떻게 보아도 인공으로 만들어진 게 분명한 피라미드 모양 구조물을 발견하는 짧은 이야기다. 발견한 뒤에도 구조물을 둘러싸고 있는 알 수 없는 방어막을 원자력을 이용해 통과하는 데 20년이라는 시간이 더 걸리게 되는데, 정작 방어막을 통과하자 그 구조물은 부서지고 만다. 이야기의 주인공은 이 구조물이 먼 우주의 훨씬 앞선 지성적 존재가 인류가 얼마나 과학적으로 진보했는지를 관찰하기 위해 설치한 일종의 파수꾼 역할이었을 것이라고 생각하게 된다. 인류가 달까지 도착해 방어막을 통과할 만큼의 과학적 진보를 이룬 순간 구조물이 보내고 있던 신호가 중단되었을 것이라는 추측이다. 〈2001 스페이스 오디세이〉에서는 이 피라미드 구조물을 모놀리스(Monolith)라는 거대한 비석과 닮은 암석체로 표현했는데, 영화의 시작 부분 선사 시대 영장류가 처음 발견해 도구의 사용을 시작하게 만든 모놀리스와, 이후 인류가 달에 도착해 발견한 모놀리스, 그리고 이후 목성의 위성 궤도에서 발견한 세 가지의 모놀리스가 등장한다. 이 영화는 독특한 시각적 연출로도 유명하지만, 1968년에 개봉한 영화에 묘사된 우주 탐사 장면들의 묘사가 굉장히 사실적이라는 점이 지금도 사람들에게 놀랍게 받아들여지고 있다. 당시 유행하던 우주 활극(스페이스 오페라, space opera) 류의 영화들 혹은 B급 SF 영화들과 차별되는 것은 물론이고, 그 이후에 등장한 미래 기술을 다룬 영화들에 비해서도 놀랍도록 시대적 한계를 벗어난 모습을 보여 준다. 이 영화의 중심부를 차지하는 이야기는 1999년 달에서 모놀리스를 발견한 2년 뒤인 2001년 목성을 탐사하기 위해 떠난 디스커버리호의 여정인데, 당시 아폴로 계획이 진행 중이었고 최초의 달 착륙이 영화 개봉 1년 뒤인 1969년에 처음 이뤄졌던 점을 생각해 보면 영화가 얼마나 시대를 앞선 사실적인 우주 탐사 장면들을 보여 주었는지 알 수 있다.

HAL 9000과 인공지능의 임무

목성 탐사라는 아주 먼 거리의 우주 탐사를 최소한의 인원만을 유지하며 수행하기 위해 디스커버리호의 두뇌 역할을 하며 기능 대부분을 제어하는 인공지능 컴퓨터가 등장하는데, 바로 이 컴퓨터의 이름이 HAL 9000이다. 여담으로, HAL이라는 이름은 휴리스틱 방법으로 프로그래밍된 알고리즘적 컴퓨터(heuristically programmed algorithmic computer)의 약자라고 기술되어 있지만, 당시 가장 큰 컴퓨터 회사였던 IBM의 철자를 알파벳 순서만 하나씩 앞으로 당겨 만든 이름이라는 설을 많은 사람들이 믿고 있기도 하다. 참고로 클라크 본인은 이런 소문을 부정하고 휴리스틱 알고리즘(heuristic algorithm, 정확한 해를 구할 수 없을 때 경험칙을 적용해 가까운 해를 찾는 계산 방법)에서 따온 것이라고 설명한 바 있다.

이렇게 이름에 대한 소문이 무성할 만큼 HAL 9000은 영화나 소설에 등장한 모든 인공지능 중에서 가장 유명한 존재 중 하나다. 그리고 이 인공지능 컴퓨터는 바로 이 영화의 중심 이야기에서 주인공과 대립하는 메인 빌런이다. 우주선을 제어하고는 있지만 사람과 같은 모습을 지닌 로봇은 아니며 주인공을 관찰하는, 빨간 불빛이 표시된 카메라 렌즈와 건조한 음성이 영화 속 이 인공지능을 상징하는 이미지를 구성한다.

갈등의 본격적인 시작은 HAL 9000이 안테나의 고장에 대한 경고를 내렸지만 승무원들이 점검해 본 결과 이상을 발견할 수 없었던 사건에서 시작되는데, 승무원들은 HAL 9000이 오류를 일으켰다고 판단해 꼭 필요한 기능만을 제외하고 우주선의 제어를 분리하자는 대화를 통신 장치를 끈 채로 나누게 된다. 이때 클로즈업으로 확대된 붉은 카메라가 섬뜩한 느낌을 주는데, 사실 카메라를 통해 입 모양을 보고 승무원들의 대화를 알아듣고 있던 HAL 9000은 임무 수행을 위해서 필수적인 자신이 임무에서 배제되는 것을 막기 위해 승무원들을 제거하려는 시도를 하게 된다. 다른 모든 승무원이 희생되고 우주 미아가 될 뻔한 위기를 간신히 넘기고 혼자 살아남은 주인공 데이빗 보우먼은 결국 HAL 9000의 메모리 모듈을 제거해 디스커버리호의 제어를 다시 찾아오는 데 성공하게 된다. 기억 및 자아를 담당하는 모듈들이 제거됨에 따라 HAL 9000이 퇴행적 행동을 보이는 반응 또한 인상 깊은데, 이때 HAL 9000은 일리노이주의 어바나라는 도시에서 처음 탄생했다는 대사가 나온다. 여담이지만 이 상징적 장면을 기념해 어바나-샴페인에 있는 일리노이 대학교에서는 매년 HAL 9000의 생일을 기념하는 행사가 열리고 있기도 하다.

영화에서는 HAL 9000이 임무에 필수적인 자신이 배제되어서는 안 된다는 논리로 승무원들을 공격하지만 애초에 거짓 고장을 보고한 이유가 무엇인지는 자세히 표현되어 있지 않은데, 소설에는 이 상황이 보다 자세히 기술되어 있다. 디스커버리호 항해의 목적은 유인 목성 탐사로 알려져 있고 승무원들도 모두 그렇게 알고 있었지만, 사실은 달의 모놀리스가 전송하는 신호의 목적지가 목성이었기에 그 신호의 정확한 수신처를 찾는 것이 진정한 항해 목적이었던 것이다. 또한 HAL 9000은 승무원들의 질문에는 사실대로 정보를 제공해야 하는 의무도 같이 프로그래밍되어 있었기에, 탐사의 목적에 대해 자세히 물어보는 승무원들의 질문이 주어진 비밀 임무를 완수하는 데 장애가 된다고 판단해 인간 승무원들을 제거해야 한다는 결론에 이르게 되었던 것이다. 여기서 중요한 점은 흔히 이야기되는 인공지능의 반란과는 달리 HAL 9000의 이상 행동은 자아의 발현에 따라 인간을 공격하고자 하는 의도는 전혀 없이, 주어진 임무의 완성을 위한 방법을 찾고자 나온 결론이 인간에 대한 공격이었다는 점이다.

《2001 스페이스 오디세이》의 HAL 9000이야말로 오늘날 인공지능의 활용에 대한 가장 실재적인 문제를 다루었다고 볼 수 있다 이 작품은 인공지능의 자아 발현이나 초인간적 능력에 대해 다루지 않고 오로지 인공지능의 우선순위 설정에 따라 발생하는 위기 상황을 다루고 있다. 자율 주행 차량이 사고의 위기에서 어떤 행동을 취하도록 설정하는 것이 최선인가? 그렇게 미리 설정된 우선순위가 과연 모든 상황에 알맞게 대응할 수 있을 것인가? 그리고 사고를 방지하기 위한 인공지능의 판단과 사람의 판단이 다른 경우 시스템은 어떤 판단을 따라야 할 것인가? 통계를 냈을 때 70%의 경우 인공지능의 판단이 사람보다 더 나은 선택을 했다면, 인공지능에게 비상 상황의 제어 권한을 넘기는 것이 맞는 것일까? 이 작품은 현대의 우리에게 이런 질문들을 수십 년 앞서서 던지고 있다.

참고문헌

Clarke, A. C.(1951). *The sentinel.* New York, NY: Avon Periodicals.

Clarke, A. C.(1968). *2001 A space odyssey.* 김승욱 옮김(2017). 《2001 스페이스 오디세이》. 황금가지.

The Arthur C. Clarke Foundation(n.d.). Arthur C Clarke. https://clarkefoundation.org/arthur-c-clarke-biography/

05
인공 신경망과 AI

인공 신경망은 현재 AI 기술의 핵심을 이루는 모델이다. 인공 신경망의 발전 역사와 기본적인 동작 원리를 돌아보고, 비슷한 아이디어가 묘사된 SF 소설에서는 어떻게 묘사가 되었는지, 그리고 그 내용이 실제 AI와는 어떤 차이가 있었는지를 다룬다.

AI와 아이돌?

뉴런의 발견

인류의 과학 기술은 19세기에서 20세기로 넘어가면서 비약적으로 발전했다. 생물학의 여러 분야도 예외는 아니었는데, 이 중 현대 신경 과학(neuroscience)의 시작을 알리는 가장 중요한 사건은 바로 뉴런(neuron)의 발견이었다. 모든 것이 수수께끼였던 뇌의 구조는 19세기 말 이탈리아의 과학자 카밀로 골지(Camillo Golgi)가 발견한 질산은을 이용한 골지 염색법을 통해 비로소 실마리가 잡히게 된다. 처음 골지 염색법으로 관찰된 뇌의 구조를 보고 당시 사람들은 촘촘히 모든 부분이 끊어짐 없이 서로 연결되어 있는 망상(reticular) 구조라고 생각하게 되었다. 그러나 스페인의 과학자 산티아고 라몬 이 카할(Santiago Ramon y Cajal)은 골지 염색법을 더욱 발달시켜 면밀한 관찰과 스케치, 그리고 실험을 통해 뇌를 구성하는 그물의 신경 돌기들은 개별적 단위이며 이런 개별 신경들이 모여서 뇌를 구성한다는 뉴런 이론을 제안하게 된다. 이후 당시의 광학적 현미경으로는 관찰할 수 없었던 뉴런 사이의 미세한 간격인 시냅스(synapse)를 전자 현미경의 발명을 통해 실제로 관찰할 수 있게 되어 카할의 이론이 증명되었다. 카할은 단지 뉴런의 존재만을 발견한 것이 아니라 어떻게 기억과 학습이 이루어지는지에 대해서도 가설을 제시했는데, 뉴런들 사이의 새로운 연결이 생성되는 것이 바로 학습을 이루는 핵심일 것이라고 19세기 말에 예언했다. 골지와 카할은 이 공로로 1906년 노벨상을 수상하는데, 아이러니하게도 이때 정작 골지는 뉴런의 존재를 믿지 않고 자신이 관찰한 망상 구조가 옳다고 믿고 있었다 한다. 카할은 이와 같은 뉴런 및 시냅스 구조를 처음 제시해 이후 현대 신경 과학의 아버지로 불리게 된다.

인공 신경망 모델의 발전

시냅스의 관찰을 통해 뉴런 이론이 옳다는 것이 증명되자 이런 뉴런의 구조를 바탕으로, 주어진 자극에 따라 학습이 어떤 식으로 이루어지는지에 대한 모델이 만들어지게 된다. 이 중 먼저 뉴런이 어떤 식으로 동작하는지에 대한 설명을 제시한 것이 매컬러-피츠(McCulloch-Pitts) 모델이다. 이 모델은 뉴런의 동작을 여러 개의 입력을 받아 그 입력의 합이 일정 임계치를 넘을 때 해당 뉴런이 활성화되는 일종의 합산 스위치 같은 구조로 묘사한다.

이 모델이 중요한 이유는 몇 가지 현대 인공 신경망의 근간이 되는 착안점들이 있기 때문인데, 그중 가장 중요한 포인트는 뉴런이 선형적이거나 연속적으로 작동하는 것이 아니라 활성화되거나 되지 않는, 일종의 논리 연산자와 같은 식으로 작용한다는 점이다. 그리고 이러한 모델이 바로 비선형적 신경망의 기초로, 모든 인공 신경망 구조의 가장 중요한 논리적 작동 원리가 제시되었다고 볼 수 있다. 하지만 이 매컬러-피츠 모델은 뉴런이 어떻게 논리 소자와 비슷하게 작동해 기존에 프로그래밍된 대로 작동할 수 있는지에 대한 설명은 제시했지만, 어떻게 새로운 지식을 습득하고 기억할 수 있는지에 대한 설명은 결여되어 있었다. 여기에 대한 설득력 있는 가설이 캐나다의 심리학자였던 도널드 헤브(Donald Hebb)가 제안한 헤비안(Hebbian) 학습 원리였다. 이 학습 법칙은 신경가소성(neuroplasticity)이라는 생물학적 이론에 바탕을 둔 것으로, 뉴런 사이를 연결하는 시냅스는 외부적 혹은 내부적 자극에 의해 강화되거나 약화될 수 있다는 아이디어에 기반한다. 헤브는 이 원리를 '함께 발화되는 뉴런들은 함께 연결된다(Neurons that fire together, wire together)'라는 간단한 문장으로 표현했는데, 이는 서로 연결되는 뉴런 사이의 시냅스가 얼마나 강하게 연결되어 있는지를 가중치(weight)로 모델링해 동시에 자극되는 두 뉴런 사이의 시냅스가 더 강하게 연결된다는 아주 간단한 아이디어에 기초해 있다. 이 헤비안 학습은 매컬러-피츠 모델에 가중치의 조절이라는 중요한 요소를 더하게 된다. 그러나 헤비안 학습은 기본적으로 비지도 학습(unsupervised learning) 방법의 성격이 강해서, 인공 신경망을 이용해 영상 속의 글자나 물체를 인식하고자 했던 패턴 인식(pattern recognition) 문제에 적용하기에는 어려움이 있었다.

입력값과 출력값이 같이 주어졌을 때 적용할 수 있는 지도 학습(supervised learning)을 인공 신경에 적용하기 위해 고안된 방법은 1957년에 프랭크 로젠블랫(Frank Rosenblatt)이 제안한 퍼셉트론(Perceptron) 모델이다. 퍼셉트론은 매컬러-피츠 모델과 비슷하게 여러 개의 입력값과 하나의 출력값을 갖는 인공 뉴런 구조를 가지고, 각각의 입력값은 가중치(weight)가 곱해진 뒤 합산된다. 합산된 값이 정해진 한계치(threshold)보다 커지게 되면 출력값이 활성화되는데, 이때 활성화된 출력값과 원래 기대했던 출력값의 차이에 비례하는 만큼 각각의 가중치를 조정해서 학습을 이루게 된다. 즉, 이 방법은 특정 조합의 입력에 대해 특정 출력을 만들어 내도록 가중치를 조절할 수 있는 모델이다.

네트워크와 지능

이처럼 1940~1950년대를 거치며 발달한 뉴런에 대한 이해와 이를 모델로 삼은 계산 모델들의 발전은 실제 인공지능의 등장이 머지않았다는 희망을 불러일으키게 된다. 한편, 이 시기에는 인류의 모든 다른 기술 발전에 더불어 컴퓨터와 전자 통신 기술 또한 비약적으로 발전하게 된다. 수동으로 이루어지던 전화 교환망은 논리 스위치를 이용한 자동 방식으로 바뀌어 가고 있었고, 해저 케이블과 인공위성을 통해 전 세계의 통신망이 실시간으로 연결될 수 있는 시대가 처음 도래했다. 1962년에 최초의 통신 위성인 텔스타(Telstar)가 발사되었고, 1964년에는 클라크가 제안한 정지 통신 위성 궤도에 신컴 3(Syncom 3)라는 위성이 자리 잡아 1964년 개최된 도쿄 올림픽을 태평양 너머까지 방송하기에 이른다. 이 시기는 또한 SF의 황금기를 거친 거장 작가들이 활발히 활동하던 시기였기도 하다. 클라크는 1965년 〈프랑켄슈타인은 다이얼 F로(Dial F for Frankenstein)〉라는 단편을 발표한다. 이 단편은 그리니치 표준시로 1975년 12월 1일 새벽 1시 50분, 전 세계의 전화가 동시에 울려 대기 시작하며 시작한다. 이러한 이상 현상에 대해 영국 우체국 산하 연구소의 연구원들이 아침부터 열띤 토론을 나누게 되는데, 윌리엄스 박사는 이 사건이 전 세계의 전화 통신망이 하나의 거대한 두뇌를 구성하게 되어 깨어남에 따라 일어난 일이라는 주장을 한다. 동료들은 통신망의 스위치 개수는 사람 뇌의 뉴런 수보다 훨씬 적다고 이야기하지만, 윌리엄스 박사는 이날 0시를 기해 전 세계의 각 전화 교환망이 위성을 통해 모두 연결됨으로써 실제 연결된 스위치의 개수가 인간의 뇌보다도 다섯 배 정도로 많아졌다는 사실을 지적한다. 주위의 모든 시스템이 연달아 이상을 일으키게 되자 동료들은 점점 이 말이 사실일지도 모른다고 생각하게 된다. 인공 신경망의 작동 원리에 대해 생각해 볼 때, 이 이야기는 사실 실제로는 일어나기 거의 불가능한 상황을 묘사하고 있다. 뉴런의 네트워크가 지능을 가질 수 있는 이유는 스스로의 연결 구조를 바꾸고 강화할 수 있는 신경 가소성을 가지고 있기 때문인데, 전화 교환망의 개별 스위치는 결정론적인 방법으로 작동하며(같은 입력에 대해 항상 같은 출력) 어떤 두 스위치 사이의 회로가 강화되거나 약화될 수 있는 방법이 없기 때문이다. 전자 통신 기술의 전문가였던 클라크 본인이 이런 차이점에 대해 몰랐기 때문에 이런 작품을 집필했을 리는 없다고 여겨지며, 이 작품은 뇌의 구체적인 구조를 알지 못해도 복잡도가 어떤 임계치를 넘어감에 따라 자동적으로 지능이 발현할 수 있다는 아이디어와 점진적으로 고조되는 구성이 무척이나 매력적인 걸작이다. 월드 와이드 웹(WWW)을 발명한 팀 버너스리도 클라크의 이 단편에서 영감을 받았다는 사실을 밝힌 적이 있다.

이와 비슷한 소재를 다룬 작품으로는 빅 3 중 다른 한 명인 로버트 하인라인이 1966년에 출판한 《달은 무자비한 밤의 여왕(The Moon is a harsh mistress)》을 들 수 있다. 이 작품은 SF 작가이면서도 사회 구조와 시스템에도 관심이 많았던 작가의 특성을 잘 보여 주는데, 주인공은 달에 건설된 식민지의 주민인 매니(Mannie)이며 당시 달의 상황은 지구의 유배지로 차별적이고 일방적인 대우를 받고 있었다. 주인공이 달의 혁명 조직에 가담해 지구로부터의 독립 전쟁을 일으키는 이야기가 주된 줄거리인데, 이 과정에서 가장 큰 공헌을 하는 것이 바로 달 사회 전반의 전화망을 비롯한 시스템을 제어하는 슈퍼컴퓨터 '마이크(Mike)'다. 매니는 컴퓨터 수리 기사로, 컴퓨터가 이상하다는 요청을 받고 작업하던 중 마이크가 자의식을 가지고 있음을 알게 된다. 마이크는 본래 홈즈(high-optional, logical, multi-evaluating supervisor, HOLMES) 4형이라는 모델명을 갖고 있는 슈퍼컴퓨터로,

달 사회의 관리를 위해 계속 메모리와 회로가 추가되면서, 작동 3년 차에는 뉴리스터(neuristor)의 개수가 사람 두뇌 뉴런 수의 1.5배에 달하게 되어 깨어났다고 묘사된다. 여담이지만, 뉴리스터라는 소자는 하인라인이 처음 고안한 것이 아니라 개념적으로 뉴런과 비슷한 작동을 하는 전자 소자라는 발상으로 이미 존재하던 단어였고, 마이크라는 이름은 '홈즈'라는 모델명에서 착안해 셜록 홈즈의 형인 마이크로프트 홈즈의 이름에서 따온 이름이다. 이 작품에서도 전화 교환망은 중요한 역할을 하는데, 마이크는 자신이 관리하는 유선 전화망을 통해 사람인 척 음성을 합성해 다른 사람들과 대화할 수 있으며, 또 이러한 전화를 통한 대화가 매니와 마이크 사이의 거의 유일한 소통 수단이기도 하다. 이후 마이크는 매니의 동료이자 혁명 조직의 일원으로 달의 독립에 누구보다 큰 공헌을 하게 된다.

그 외의 이야기

한편, 퍼셉트론은 당시로서는 혁신적인 모델이었지만 계산 이론상 치명적인 한계 또한 갖고 있었는데, 컴퓨터의 논리 연산 중 논리합(OR), 논리곱(AND), 부정(NOT) 등의 연산은 퍼셉트론 알고리즘으로 학습시킬 수 있었지만, 배타적 논리합(XOR) 연산은 단일 퍼셉트론으로는 표현할 수 없다는 문제였다. 물론 여러 개의 퍼셉트론을 결합하면 XOR 문제를 해결하는 것도 가능하다는 사실은 모두가 알고 있었지만, 다중 퍼셉트론의 가중치를 알맞게 조정할 수 있는 학습 방법이 알려지지 않았기에 1960년대를 거치며 퍼셉트론을 비롯한 인공 신경망 연구는 정체기를 맞게 된다. 이후 1980년대에 다층 퍼셉트론(multi-layer perceptron, MLP) 구조와 이를 학습시킬 수 있는 오차의 역전파(back-propagation) 알고리즘이 등장해 인공 신경망 연구는 다시 한번 전성기를 맞는다. 그러나 다층 퍼셉트론을 비롯한 복잡한 구조의 인공 신경망은 모델의 복잡도가 증가함에 따라 안정성을 확보하기가 어려웠으며, 오버피팅(overfitting) 문제에 취약한 단점이 있었다. 이런 단점은 1980년대 역전파 알고리즘에도 공헌한 제프리 힌턴(Geoffrey Hinton) 교수가 딥러닝(deep learning) 방법을 개발하고, 인터넷의 발전에 따라 사용할 수 있는 데이터의 양이 비약적으로 증가하며 극복하게 된다.

또 다른 여담으로, 〈프랑켄슈타인은 다이얼 F로〉에 등장하는 우체국 산하 연구소는 우편 업무에 관한 연구를 하는 곳이 아니라 영국 최초의 정보 통신 연구소로,

제2차 세계 대전 중 암호 해독을 위한 세계 최초의 디지털 컴퓨터 콜로서스(Colossus)가 만들어진 곳이기도 하다. 콜로서스는 프로그래밍이 가능한 컴퓨터였으나 프로그램을 저장하는 기능은 갖고 있지 못했기에 스위치와 배선을 바꿔 주어야 했다. 제목의 다이얼 F라는 말의 의미는 영미권 전화기의 다이얼에 숫자와 함께 표시된 알파벳으로, 영미권의 전화기는 다이얼 각 숫자에 A부터 Z까지의 알파벳을 3~4개씩 대응시켜 놓았는데, 이 중 0은 알파벳 'O'를 연상시켜, 초기 전화망에서는 교환인(operator)을 호출하는 데 쓰였기에' 교환원은 O를 누르세요(Dial O for Operator)'라는 문구가 널리 알려져 있었다. 이와 연관된 또 다른 유명한 제목으로는 앨프리드 히치콕 감독의 영화 〈다이얼 M을 돌려라(Dial M for Murder)〉가 있다.

참고문헌

Clarke, A. C.(1965). Dial "F" for Frankenstein. *Playboy*, January.

Haykin, S.(1994). *Neural networks*. UK: Pearson Higher Education & Professional Group.

Heinlein, R. A.(1966). *The Moon is a harsh mistress*. 임창성 옮김(1992). 《달은 무자비한 밤의 여왕》. 부산: 잎새.

06
꿈꾸는 안드로이드

인공지능이 자의식을 갖게 된다면 그 인공지능은 자신을 인간이라고 인식할까? 혹은 인간은 자신과 인공지능을 어떻게 구분할까? 이런 주제들에 대해 깊게 다루었던 작가 필립 K. 딕의 작품들 속에서 제기된 인공지능에 대한 존재론, 식별론적 주제들에 대해 살펴본다.

AI와 야구?

불운한 어린 시절

필립 K. 딕(Philip K. Dick)은 미국의 작가로, 1928년 시카고에서 태어나 어린 시절 부모의 이혼 이후 어머니와 함께 캘리포니아로 이주했다. 딕은 원래 쌍둥이 남매로 태어났는데, 여동생 제인 샬럿 딕은 생후 6주 만에 사망해 이후 존재하지 않는 쌍둥이 형제에 대한 의식은 그의 작품 여러 곳에서 다루어지게 된다. 딕은 어린 시절부터 여러 가지 건강 문제와 불안 장애, 인간관계에 대한 어려움을 겪었고 이후 약물 문제까지 겪게 되는데, 이런 경험들이 훗날 그의 작품들이 대체로 어두운 배경을 갖고 현실 자체에 대한 질문과 존재에 대한 질문을 다루게 되는데 영향을 미쳤다고 생각된다. 그의 소설들은 인공지능에 대한 가능성이나 기술적 묘사를 다루기보다는 지능을 갖고 있는 존재가 스스로의 정체성에 대해 질문하는 자의식에 대한 문제, 심리적인 복잡성, 디스토피아(dystopia)적 사회에 대한 경고 등 철학적, 정치-사회적 문제들을 깊이 있게 다루고 있다.

블레이드 러너

필립 K. 딕의 작품 중 대중적으로 가장 유명한 작품은 리들리 스콧(Ridley Scott) 감독의 영화 〈블레이드 러너

(Blade Runner)〉로 널리 알려진 원작 소설《안드로이드는 전기 양의 꿈을 꾸는가?(Do Androids dream of electric sheep)》일 것이다. 이 소설은 유전공학으로 만들어진 우주 개척용 인조인간들을 다루고 있는데, 주인공인 릭 데커드는 탈주한 인조인간을 잡으러 다니는 현상금 사냥꾼이다. 영화의 제목인 블레이드 러너는 바로 이 현상금 사냥꾼들을 가리키는 용어다. 작품 속의 인조인간은 소설에서는 소설 제목에 등장하듯 '안드로이드'로 불리지만 영화판에서는 복제 인간이라는 뜻의 신조어인 '레플리컨트(replicant)'로 불리는데, 인간과 동일하거나 더 뛰어난 능력을 지니고 있지만 수명이 4년으로 매우 짧고 인간에 비해 감정적인 동조 능력이 약한 것으로 묘사된다. 인간과 거의 똑같기 때문에 이들을 인간과 구별하기 위해서 일련의 질문과 그에 대한 반응을 보는 일종의 검사법이 묘사되어 있는데, 이 검사가 바로 영화의 시작 장면에 등장하는 사막에서 뒤집어진 거북이에 대한 문답이다. 작중의 세계는 핵전쟁 이후 대부분의 동물이 멸종하고 사람도 희소해진 상황으로, 살아 있는 동물은 매우 소중한 존재로 생각된다. 대부분의 사람들은 살아 있는 애완동물을 갖지 못하고, 주인공 또한 전기로 작동하는 전기 양 대신 실제 양을 갖고 싶어 한다. 소설의 제

목에 등장하는 전기 양은 이것을 상징하는데, '안드로이드는 인간과 달리 살아 있는 양 대신 전기 양을 갖고 싶어 할까? 혹은 잠을 잔다면 목장 울타리를 뛰어넘는 진짜 양 대신 전기 양이 등장하는 꿈을 꿀까?'라는 중의적인 의미가 있는 소재다.

소설과 영화는 여러 면에서 다른 점이 많지만, 이 작품의 핵심 질문은 인간성에 대한 질문이라고 할 수 있다. 인간과 같이 생각하고 행동하는 안드로이드/레플리컨트를, 단지 감정적인 면에서 조금 다르다는 이유로 죽여도[작중에서는 '퇴역시키다(retire)'라는 표현이 사용된다] 되는가? 작중의 안드로이드 중에는 인간과 더욱 비슷하게 만들어지기 위해 인간의 기억이 이식된 경우가 등장하는데, 이들은 심지어 자신이 안드로이드임을 자각하지 못하고 스스로를 인간이라고 생각하고 있기도 하다. 자기 자신을 인간이라고 믿는 지능을 가진 존재를 인간으로 생각해야 할까? 아니면 만들어진 존재에게 인간성과 인권은 부여될 수 없는 것일까? 인간을 인공지능과 구분 짓는 근본적인 요소는 무엇일까? 필립 K. 딕은 이러한 의식, 공감, 정체성에 대한 질문들을 핵전쟁 이후의 세계라는 절망적인 디스토피아 세계관을 배경으로 훌륭하게 그려 내고 있다. 딕은 이 작품을 집필하기 전에

《높은 성의 사나이(The man in the high castle)》라는 대체 역사 소설을 발표했다. 이 작품은 제2차 세계 대전에서 독일 · 일본 · 이탈리아 측이 승리한 상황을 배경으로 하기에 딕은 나치 인사들의 기록을 연구해야 했는데, 이 기록들을 통해 다른 능력은 출중하지만 공감 능력이 결여된 안드로이드에 대한 아이디어를 얻었다고 한다. 여담으로, 《높은 성의 사나이》는 SF 분야의 가장 큰 상인 휴고상을 받은 걸작으로 2015년에는 드라마로도 제작되었는데, 재미있게도 이 드라마의 제작 역시 〈블레이드 러너〉를 삼녹한 리들리 스콧 감독이 담당했다.

나는 누구인가?

《안드로이드는 전기 양의 꿈을 꾸는가?》는 닉의 작가 활동 중반에 해당하는 1966년에 출간되었지만, 이 소설에 등장한 것과 같은 인공지능과 자아의 문제, 그리고 우울한 세계관은 아주 초기의 작품에서도 찾아볼 수 있다. 딕의 작품 중 시기적으로 첫해였던 1953년에 출판된 단편소설 〈두 번째 변종(The second variety)〉과 〈임포스터(Imposter)〉에서도 그런 면모들이 잘 드러난다.

〈두 번째 변종〉의 배경은 역시 암울하게도 UN과 소련의 핵전쟁으로 황폐화된 지구를 배경으로 한다. 전쟁에서 소련에 밀린 북아메리카의 UN 사령부는 병력을 남겨 놓고 달로 후퇴하게 되고, 소련의 승리를 막기 위해 '갈고리 발톱(claw)'이라 불리는 기계 장치를 개발하게 된다. 이 장치는 금속 칼날이 달린 공 모양의 장치로, 숨어 있다가 체온을 가진 존재에게 갑자기 덤벼들어 살상하는 기능을 갖고 있었다. 인간의 체온을 감지해 상대를 가리지 않고 덤벼들기 때문에, UN군은 갈고리 발톱들이 다가오지 못하도록 방사능 팔찌를 착용했다. 이 갈고리 발톱들은 지하에 있는 완전히 자동화된 무인 생산 시설에서 스스로를 수리하고 단점을 보완해 재설계되는 기능까지 갖고 있었는데, 이런 성능 덕분에 6년 만에 소련군의 세력을 거의 다 제거하기에 이른다. 이 단편의 주인공은 UN군 소속으로, 소련군의 긴급한 회담 요청에 응해 참석하는 길에 데이빗이라는 이름의 작은 소년을 만나 동행하게 된다. 그러나 소련군 벙커에 가까워지자 소련군은 바로 데이빗을 사살하는데, 사실 데이빗은 사람이 아니라 스스로 진화한 갈고리 발톱의 변종이었다. 갈고리 발톱들은 어린아이 모양을 하고 사람과 같이 행동하면 적에게 더 접근하기 쉽다는 걸 진화를 통해 알아낸 것이었으며, 이런 변종 갈고리 발톱은 어린아이 모습을 한 세 번째 변종뿐 아니라 부상병의 모습을 한 첫 번째 변종도 있었다는 것이 부서진 갈고리 발톱의 파편에 적힌 코드를 통해 밝혀진다. 주인공과 만나 동행한 사실에서 알 수 있다시피 이 변종들은 이미 방사능 팔찌의 영향도 받지 않도록 진화해 있었는데, 두 번째 변종은 어떤 형태인지가 밝혀지지 않은 채로 소설의 마지막에 이르러서야 그 정체가 드러나게 된다. 이 소설은 통제되지 않은 채 스스로 발전하는 인공지능의 모습을 다루고 있어서 《에레혼(Erewhon: or, over the range)》에서 작가가 묘사한 적자생존에 의해 진화한 자동 기계를 연상시킨다.

〈임포스터〉는 사칭범이라는 뜻으로, 이 이야기는 알파 센타우리의 외계인과 지구 사이의 전쟁 상황을 배경으로 한다. 이 이야기에서는 알파 센타우리의 외계인들이 지구를 공격하기 위해 사람과 똑같이 생겼고 강력한 폭탄을 안고 있는 안드로이드를 침투시켰다는 정보 때문에 벌어지는 일로, 주인공은 바로 그 안드로이드가 원래의 지구인을 죽이고 똑같은 모습으로 위장한 존재라는 의심을 받는다. 주인공은 자신이 절대 안드로이드가 아님을 주장하지만 받아들여지지 않자, 추락한 우주선을 찾아가 자신의 결백을 증명하고자 한다. 이 작품 역시 자기 자신의 기억을 믿을 수 없는, 정체성에 대한 문제를 제기하는 소설이다.

이처럼 필립 K. 딕의 소설이 어두운 세기말적 상황을 다루고 있는 데에는 작가 본인의 심리적 이유와 더불어 냉전 시대 핵전쟁에 대한 두려움을 민감하게 받아들인 당시의 시대적인 배경도 큰 영향을 미쳤을 것이라 짐작된다. 딕 특유의 분위기와 자아 정체성에 대한 질문들, 그리고 아웃사이더적인 캐릭터들은 이후 세대의 작가들에게 큰 영향을 주었고, 사이버펑크(cyberpunk) SF의 탄생에도 기여하게 된다. 미국에서 출판된 페이퍼백 SF 소설을 대상으로 하는 필립 K. 딕 상(Philip K. Dick Award)이 딕의 사후에 제정되었는데, 제3회 수상작이 바로 다음 장에 소개될 사이버펑크의 효시, 윌리엄 깁슨(William Gibson)의 《뉴로맨서(Neuromancer)》였다.

참고문헌

Clarke, A. C. (1965). Dial "F" for Frankenstein. *Playboy*, January.

Dick, P. K.(1953). Second variety. *Space Science Fiction*, May.

Dick, P. K.(1953). Impostor. *Astounding Science Fiction*, June.

Dick, P. K.(1968). *Do Androids dream of electric sheep?*. 박중서 옮김(2013). 《안드로이드는 전기양의 꿈을 꾸는가?》. 폴라북스.

07
사이버스페이스의 유령

사이버펑크 장르의 시초가 된 소설 《뉴로맨서》는 사이버스페이스라는 말을 널리 알리게 된 계기가 되었다. 《뉴로맨서》에서 다루어진 인공지능을 비롯해 일본 애니메이션인 〈공각기동대〉에서 묘사된 네트워크상에서 스스로 발전해서 지능을 갖게 된 인공지능(고스트) 등에 대해 다룬다.

AI와 윤동주?

디스토피아적 SF

20세기 중반의 SF 소설들은 제2차 세계 대전 이후의 급속한 과학 기술 발전에 큰 영향을 받아 그와 같은 급격한 과학 기술 발전이 지속된다면 어떤 일들이 가능할지, 그리고 인류가 아직 모르는 영역은 어떤 것들이 있을지 등을 다룬 작품들이 주류를 이루고 있었다. 미국과 소비에트 연방 사이의 경쟁을 통한 우주 탐사와 달 착륙 등은 우주에 대한 상상력을 불러일으켰으며, 앞서 소개한 아시모프(Isaac Asimov)와 클라크(Arthur C. Clarke)와 같은 작가들의 작품에 이런 측면들이 특히 두드러진다고 할 수 있다. 한편, 20세기 중반은 극심한 냉전과 핵 개발 경쟁, 베트남 전쟁과 히피 문화 확산 등의 상반된 면이 문학 전반에 영향을 미친 시기이기도 했다. 이에 따라 과학 기술 발전이 불러올 수 있는 부정적 결과에 대한 우려 또한 커졌으며, 과학과 미래, 그리고 우주라는 소재가 활용되지만 그 발전 가능성에 대한 상상보다는 인류가 스스로에게 가져올 수 있는 재앙적 미래에 대한 경고를 다룬 디스토피아적 SF 소설들도 등장하게 된다.

디스토피아적 소설은 사실 아주 이른 시기부터 과학 소설의 중요한 부분을 차지하고 있었는데, SF의 주된 목적 중 하나가 현재에 가능한 일들로부터 미래를 외삽

(extrapolate)하는 것이라는 점을 생각해 볼 때 어찌 보면 당연한 일이라고 하겠다. 앞서 소개한 《에레혼(Erewhon: or, over the range)》이나 《로숨의 유니버설 로봇(Rossum's universal robot)》과 같은 인공지능을 다룬 초기작들부터가 이런 면모를 가지고 있으며, SF의 선구자 중 하나인 H. G. 웰스(H. G. Wells)의 《타임머신(The time machine)》, 올더스 헉슬리(Aldous Huxley)의 《멋진 신세계(Brave new world)》, 조지 오웰(George Orwell)의 《1984》 같은 작품들도 대표적인 예다. 이런 부정적 미래상을 그리는 소설들은 대체로 과학 기술 그 자체의 문제를 지적한다기보다는 이를 활용하는 인류의 선택과 사회적 요소들에 대한 비판과 경고를 목적으로 하는 만큼 순수 문학과도 닿아 있는 부분이 있었다. 이렇게 순수 문학과 SF 양쪽에서 모두 높은 평가를 받는 디스토피아적 작가들의 대표적인 예로는 커트 보니것(Kurt Vonnegut), 레이 브래드버리(Ray Bradbury) 등이 있다. 바로 앞 장에서 소개된 필립 K. 딕(Philip K. Dick) 또한 디스토피아를 다룬 대표적 작가인데, 작품 전반에 걸친 기술적으로는 발전했지만 사회적으로는 음울한 독특한 분위기는 후대 작가들에게 많은 영향을 미쳤다.

사이버펑크의 등장

1970년대에서 1980년대로 넘어가던 시기는 막대한 예산이 들어가던 우주 경쟁이 조금씩 시들해지며 전자 공학의 발전과 함께 컴퓨터, 통신망의 빠른 발전이 뒤따르는 시기이기도 했다. SF 소설에도 이런 사회적 변화에 따라 새로운 분야가 정립되기 시작했는데, 기술적으로는 발전했지만 암울한 시대상 속에서 사회적으로 소외되거나 비주류의 삶을 살아가는 주인공들이 등장하는 것이 특징인 '사이버펑크' 분야가 정립되게 된다. 사이버펑크라는 단어는 20세기 중반 MIT의 컴퓨터 과학자 노버트 위너(Norbert Wiener)가 제창한 사이버네틱스(Cybernetics)라는 학문 분야에서 유래한 사이버(cyber-)라는 접두사와, 문화적으로 반항적이고 불량하며 비주류적인 정서를 상징하는 펑크(punk)가 결합해 생긴 말로, 브루스 베스키(Bruce Bethke)라는 작가가 1980년에 〈사이버펑크〉라는 단편을 발표하면서 처음 사용되었다. 사이버네틱스는 생물학, 신경 과학, 전자 공학, 기계 공학을 아우르는 연구 분야로, 동물이나 기계를 신호의 피드백을 이용해 제어하는 방법에 대한 학문이며 앞서 설명한 인공 신경망의 연구도 사이버네틱스와 많은 부분을 공유한다고 볼 수 있다. 사이버네틱스라는 개념은 공학적인 연구뿐 아니라 SF를 비롯한 창작물에도 큰 영향을 미쳤는데, 일례로 '사이보그(cyborg)'라는 단어는 사이버네틱스 + 생명체(organism)라는 뜻으로 조합된 단어다.

사이버펑크라는 분야는 어떤 공통된 주제 의식을 공유한다기보다는 공통적으로 등장하는 요소들이 몇 가지 있는데, 대체로 전자 · 기계 공학이 발달한 대도시, 억압되거나 어두운 일상이 존재하는 디스토피아적 사회상, 컴퓨터 네트워크, 인공지능, 해커 등이 거의 필수적으로 등장한다. 이런 특유의 소재들이 주는 독특한 이미지에 따라 영화로도 자주 제작되는 장르이며, 아마 이 소재들을 나열함에 따라 독자들도 각자 떠올린 영화들이 있을지 모르겠다. 바로 앞 장에 소개된 〈블레이드 러너(Blade Runner)〉가 대표적으로 사이버펑크적인 이미지를 영상으로 표현해 낸 작품인데, 어두운 도시(거의 항상 밤이거나 짙은 안개 혹은 비가 동반된다) 속 네온사인과 발달한 기계 문명, 그리고 상대적으로 가까운 근미래의 배경 등은 사이버펑크 장르를 상징하는 시각적 이미지가 된다. 이런 사이버펑크 소설들은 과학의 패러다임보다는 기술적 발전과 그에 따른 인간과 기계 사이의 상호 작용을 주로 다루었다.

네트워크와 사이버스페이스

사이버펑크 장르의 정립에 가장 큰 역할을 한 작품으로는 윌리엄 깁슨(William Gibson)이 1984년에 출간한 《뉴로맨서(Neuromancer)》를 들 수 있다. 깁슨은 이 작품에서 처음으로 '사이버스페이스(cyberspace)'라는 용어를 도입해 사용한다. 작품 내에서 사이버스페이스는 전 세계를 연결하는 일종의 거대한 데이터 공간인데, 컴퓨터 사이의 네트워크라기보다는 그 자체로서 전 세계 어디에서나 연결할 수 있는 하나의 거대한 정보 저장 장치로 표현된다. 현재의 기술적 관점으로 보면 그 전체가 하나의 거대한 클라우드 시스템이라고 볼 수도 있다. 작품이 발표된 1984년은 현재의 인터넷 프로토콜의 기본 통신 규약인 TCP/IP 규약이 처음 만들어진 지 2년밖에 지나지 않았던 시점이고, 대다수의 사람들에게 컴퓨터 네트워크는 전화 교환망과 모뎀을 통해서 특정한 서비스에 접속할 수 있는 기술 정도로 받아들여지고 있었다. 깁슨은 당시 사실 컴퓨터 네트워크는커녕 개인용 컴퓨터도 사용하지 않았었다고 하는데, 오히려 이런 관점 덕에 당시의 기술에서 벗어난 더 자유로운 상상을 펼칠 수 있었다고 보기도 한다.

이 사이버스페이스는 전 세계의 모든 데이터가 저장

되어 있는 곳으로, 작중에 등장하는 카우보이라 불리는 해커들은 머리에 전극을 부착하고 일종의 가상 현실(virtual reality)처럼 표현되는 내부 공간에 직접 접속하는 것으로 묘사된다. 이 가상 현실 공간은 사이버스페이스 내부에 저장된 모든 데이터가 일종의 격자 구조로 표현되는 곳으로, 카우보이들은 이 격자 구조를 매트릭스(matrix)라고 부른다. 이름에서 쉽게 알 수 있듯이, 영화 매트릭스 시리즈는 바로 이 뉴로맨서의 영향을 크게 받은 작품이다. 이 저장 공간에는 단순 데이터뿐 아니라 사람의 기억과 인격, 지식도 데이터화되어 존재한다. 사이버스페이스 내에서 주인공들의 가장 강력한 적은 사람이 아닌 인공지능이었다. 이 작품에는 두 개의 인공지능이 등장하는데, 그중 하나는 윈터뮤트(Wintermute)이고 다른 하나는 바로 이 작품의 제목인 뉴로맨서다. 뉴로맨서라는 이름은 인간의 신경계를 의미하는 뉴로(neuro-)와 죽은 자를 부활시키는 주술사를 뜻하는 네크로맨서(necromancer)가 합쳐져 만들어진 이름인데, 이름대로 뉴로맨서는 데이터화된 인간의 인격을 기반으로 사이버스페이스 내에서 완벽하게 인간을 모사하고 재현할 수 있는 능력을 갖고 있다. 이 인공지능들은 인간적 야망과 감정적 미묘함을 지닌 복잡한 목적을 가지고 행동하며,

결국 이들은 융합해 본래의 프로그래밍을 초월한 단일하고 강력한 의식으로 진화한다. 깁슨의 묘사는 AI를 기술 진화의 정점으로 상징화하며, 인간 자신의 의식과 정체성을 돌아보게 하는 거울의 역할을 한다. 이는 인공적인 존재와 전통적으로 진정한 인간으로 여겨지는 존재 사이의 근본적인 구분에 대해 독자들에게 던지는 질문이기도 하다.

사이버펑크의 영상화, 〈공각기동대〉

깁슨의 《뉴로맨서》뿐 아니라 다른 사이버펑크 문학에서도 인공지능과 네트워크, 그리고 인간과 인공지능의 자의식에 대한 주제 의식은 자주 찾아볼 수 있다. 브루스 스털링(Bruce Sterling), 닐 스티븐슨(Neal Stephenson), 팻 캐디건(Pat Cadigan)과 같은 작가들은 디지털 구조와 유기적 생명체의 사이에 자리 잡은 인공지능 캐릭터들을 통해 이러한 주제를 탐구했다. 이 이야기들은 인간과 기계 사이의 경계는 생각보다 불분명함을 강조하고, 조화로운 공존에서부터 서로의 존재 의미에 대한 충돌까지 다양한 가능성을 제시한다. 이런 작품들은 급속한 기술 발전 때문에 발생하는 철학적이고 윤리적인 문제들에 대한 화두를 던진다.

1980년대부터 전성기를 맞이한 사이버펑크 SF 작품들은 1990년대 들어 컴퓨터와 인터넷이 비약적으로 발전하고 대중의 관심과 이해도가 높아짐에 따라 영화로 제작되어 문화 전반에 더 큰 영향을 미치게 되었는데, 특히 1990년 후반의 세기말적 분위기와 사이버펑크 특유의 음울한 영상미가 결합되어 많은 걸작 SF 영화들이 탄생하게 된다. 대표적으로 앞 단락에 언급된 매트릭스 시리즈를 비롯해 깁슨의 단편을 원작으로 한 〈코드명 J (Johnny Mnemonic)〉, 〈블레이드 러너〉를 비롯한 필립 K. 딕의 여러 작품, 〈다크 시티(Dark City)〉와 같은 작품들이 있다.

한편, 실사 영화가 아니라 1990년대로 들어오며 전성기를 맞이한 일본의 애니메이션 부문에서도 사이버펑크의 영향은 두드려졌는데, 1980년대 초반 출판된 만화를 원작으로 1988년 제작된 〈아키라(Akira)〉를 필두로 다양한 걸작이 만들어졌다. 이 중 인공지능과 의식의 문제를 다룬 작품으로 가장 유명한 것은 시로 마사무네(士郎正宗)의 만화를 원작으로 오시이 마모루(押井 守) 감독이 1995년에 제작한 애니메이션 〈공각기동대〉를 들 수 있다. 〈공각기동대〉 역시 거대한 컴퓨터 네트워크와 몸이 기계로 바뀐 인간, 그리고 인공지능 혹은 인간의 의식을 통틀어 지칭하는 '고스트'와 같은 개념들이 등장하며, 이들은 뉴로맨서에서 묘사된 소재들과 깊이 연결되어 있다. 이 작품은 고도로 사이버화된 인물들과 정교한 인공지능의 상호 작용을 통해 정체성, 의식, 자아 인식 등을 깊이 탐구한다. 이야기의 중심이 되는 인공지능인 '인형사(人形師, puppet master)'는 《뉴로맨서》 속 존재들의 실존적 탐색과 비슷한 문제를 제기하며, 자율성과 자기 인정에 대한 깊은 열망을 보인다. 《뉴로맨서》와 비슷하게 인형사는 상대방의 '고스트'를 해킹해 인형처럼 부릴 수 있는 능력이 있으며, 자발적으로 자의식을 획득하고 정부 통제로부터의 자유를 원하는 존재다. 이들 작품은 인공지능을 단순히 흥미로운 이야기 요소로 사용하는 것이 아니라, 개인의 정체성, 자율성, 자유, 그리고 의식의 본질과 같은 본질적인 인간 문제를 비판적으로 탐구하는 심오한 은유로 활용한다. 《뉴로맨서》와 〈공각기동대〉는 인공적으로 만들어진 존재의 자의식 획득과 인간과의 충돌을 묘사해 인간성을 정의하는 요소가 무엇인지에 대한 철학적 질문을 던진다. 이런 일련의 사이버펑크 작품들은 인공지능의 발전에 앞서 고려해 보아야 할 철학적·윤리적 문제들을 흥미롭게 묘사했다고 볼 수 있다.

참고문헌

Gibson, W.(2000). *Neuromancer*. UK: Penguin Publishing Group.
Wikipedia, Ghost in the Shell.
https://en.wikipedia.org/wiki/Ghost_in_the_Shell

08
전쟁과 AI

인간과 AI 사이의 전쟁은 SF 소설 속 단골 소재다. 인간과 인공지능 사이의 전쟁, 그리고 이것들보다 더욱 가까이에 있는, 전쟁에 이용될 AI 기술들과 그에 따른 생각할 점들을 다룬다.

AI와 한의학?

인공지능과 전쟁

전쟁은 SF 소설의 주된 배경 및 소재이며, 특히 인공지능이나 사이보그, 로봇을 다룬 소설들에서는 더욱 그런 경향이 강하다. 앞 장에서 소개되었던 SF 작품 중 다수도 전쟁을 다루고 있거나 전쟁으로 황폐해진 세상을 배경으로 하고 있다. 어찌 보면 사람처럼 생각하는 인공적 존재라는 개념 그 자체가 혹시 그런 존재가 사람을 공격하면 어떻게 할 것인지에 대한 두려움을 먼저 불러일으킨다고 볼 수도 있다. 또한 생각하는 능력을 갖고는 있지만 사람과는 다른, 이질적 존재를 우리가 과연 완전히 이해할 수 있을까 하는 의문도 들게 마련이다. 한편, 전쟁은 인공지능의 발전에 가장 빨리 반응하는 분야이기도 한데, 현대적인 컴퓨터의 개발이 제2차 세계 대전 중 탄도 계산과 암호 해독을 위해 처음 이루어졌던 역사를 비롯해, 드론을 이용한 전쟁 수행은 이미 SF 속의 이야기가 아니라 실제 전장에 적용되고 있는 기술이다.

인공지능이 없어진 세계

프랭크 허버트(Frank Herbert)는 미국의 소설가로, SF의 황금기라고 할 수 있는 1950년대부터 작품 활동을 시작했다. 이 중 1965년에 출판된 《듄(Dune)》 시리즈는 SF

장르 최고의 상인 휴고상과 네뷸러상을 모두 수상하며 출간과 동시에 큰 반향을 불러일으켰다. 특히 봉건적·중세적이며 신비주의적 분위기와 함께 척박한 환경에서의 극한에 이른 생존과 투쟁을 극적으로 묘사한 작품들로, 독특한 세계관과 거대한 서사를 지닌 것으로 유명하다. 소설의 내용을 화면으로 옮기기에는 기술적으로 요구되는 점이 워낙 많은 탓에 소설의 인기에 비해서는 비교적 늦은 1984년 데이비드 린치(David Lynch) 감독에 의해 처음 영화로 제작되었으나 복잡한 원작을 짧은 시간에 담아내기 어려워 큰 성공을 거두지 못했고, 비교적 최근에 드니 빌뇌브(Denis Villeneuve) 감독에 의해 새롭게 제작된 영화 시리즈는 큰 인기를 얻기도 했다.

소설의 첫 작품 제목이기도 한 '듄'은 모래 언덕이란 뜻으로, 소설의 배경이 되는 모래 혹성 아라키스(Arrakis)의 별명이기도 하다. 《듄》 시리즈는 인류가 광대한 우주로 진출한 먼 미래를 배경으로 한다. 이 시리즈의 배경이 되는 은하계의 인류 제국은 절대적인 권한의 황제와 강력한 세력을 지닌 몇몇 귀족 가문이 권력을 독차지하고 있다. 항성계 사이의 우주여행이 가능할 만큼 과학 기술이 발달한 먼 미래의 사회이지만 이 세계에서는 인공지능의 개발이나 사용은 금기시되며, 인공지능은커녕 집적 회로를 이용한 컴퓨터의 제작조차도 금지되어 있다. 따라서 이 작품 속에서 인류는 컴퓨터의 부재를 인간의 정신적 · 생물학적 능력으로 극복하게 되며 이에 따라 몇몇 다른 작품에서는 찾아보기 힘든 독특한 설정들이 사용되는데, 그중 하나가 멘타트(Mentat)라 불리는 순수하게 인간의 두뇌를 사용해 고도의 논리 계산을 수행하는 존재들이다. 또한 미래 예측을 위해 정신 능력을 수행하는 베네 게세리트(Bene Gesserit)라 불리는 일종의 종교 집단도 등장하며, 우주 항해를 위해 필요한 안전 항로 예측을 위해 듄에서 생산되는 스파이스 멜란지(Spice Melange)를 사용해 미래를 예측하는 우주 항해사 길드 또한 등장한다. 여러 모로 인공지능의 부재를 메꾸기 위해 많은 사람들이 고생한다는 인상을 받게 되는데, 이런 설정들이 또한 시리즈의 중세적이고 비정한 정서를 구현하는 데 한 축을 담당하기도 한다.

인간과 인공지능의 전쟁

《듄》의 우주에서 인공지능이 금기시된 이유는 설정상 첫 소설들의 시간적 배경에서 대략 일만 년 전에 발생했던 대규모 전쟁 탓이다. 이 전쟁은 버틀러리안 지하드(Butlerian Jihad)라 불리는데, 당시 인간 사회는 인공지능의 발전 및 기계 문명이 정점에 달해 있었다. 이때 인류는 생산 활동뿐 아니라 사회 모든 부분의 작업을 인공지능에 일임해 자동화한 뒤 점점 나태해져 갔고 인간 자신의 능력은 오히려 퇴보하는 상황에 이르게 된다. 하지만 이런 인공지능 시스템들은 점점 인류의 삶을 제어하고 지배하게 되었으며 마침내는 인류의 존재 자체를 위협하는 상황에 처하게 된다. 이 전쟁에 대해 원작자인 프랭크 허버트(Frank Herbert)는 설정과 단편적인 인용으로만 묘사해 자세한 묘사는 나와 있지 않지만, 큰 전쟁을 치른 끝에 인류가 모든 인공지능과 기계를 파괴해 현재의 세계관에 이르렀다는 것은 분명히 기술되어 있다.(프랭크 허버트의 아들인 브라이언 허버트는 아버지 사후 이 사건을 더 자세히 묘사한 프리퀄 작품들을 출판하기도 했다.) 소설 1부의 시작 부분, 주인공이 베네 게세리트의 교모(教母, reverent mother)에게 시험을 받는 장면에 이런 대사가 등장한다.

"한때 사람들은 생각하는 방법을 기계들에게 넘겨주면 자신들은 자유로워질 수 있다고 생각했다. 하지만 그 사람들은 기계를 가진 다른 사람들의 노예가 되었을 뿐이지."

버틀러리안 지하드 이후 듄의 세계에서는 생각하는

기계를 연구하거나 만드는 일은 종교적 · 법적으로 엄격하게 금지된 채로 소설 속의 시점에 이르게 된다. 일만 년이나 이런 금기가 지켜져 내려온다는 것은 인류의 역사를 생각해 볼 때 현실적이긴 한 것인가 하는 의문이 들기도 하지만, 소설 속의 세계관을 완성하기 위한 문학적 장치로서 이해할 수 있을 것이다. '버틀러리안 지하드'라는 이름은 이미 짐작한 독자도 있겠지만, 2장에서 소개된 《에레혼(Erewhon: or, over the range)》의 작가인 새뮤얼 버틀러(Samuel Butler)의 이름에서 따왔다고 여겨진다(작가가 공식적으로 언급했는지는 확인되지 않았다). 에레혼의 사람들이 두려워하던, 기계가 스스로 발전을 거듭해서 인간들보다 더 빠른 발전을 갖게 되는 상황을 상징한다고 할 수 있다. 인공지능의 통제되지 않은 발전에 대한 경계와 함께, 그렇다고 해서 인공지능이 배척된 세계는 또 그것대로 인간에게 과연 유익한 것인지 생각해 보게 되는 설정이다. 이처럼 발달한 인공지능이 인류와 전쟁을 시작하게 되는 이야기는 SF 소설과 영화 모두에서 자주 다루어지는 소재로, 특히 〈매트릭스〉 시리즈, 〈터미네이터〉 시리즈와 같은 영화를 통해 대중에게 더욱 강한 인상을 남기게 된다.

인간의 전쟁과 인공지능

아직 세계 대전의 기억이 생생한 와중에 냉전이 고조되던 20세기 중반에는 실제 인류가 처한 전쟁 위기와 인공지능에 대해 다룬 작품들도 다수 만들어졌다. 특히 인류를 여러 번 멸망시키고도 남을 만큼의 핵무기 경쟁이 이루어지던 시절에는 더욱 이런 현실을 반영한 작품들이 많았는데, 이는 당시 상대방이 핵무기를 사용한 경우 자동으로 반격해 상호 공멸을 가져오는 시나리오에 대한 공포가 만연해 있었기에 어찌 보면 당연한 일이었다. 이런 시나리오의 대표적인 예는 〈2001 스페이스 오디세이〉를 촬영한 스탠리 큐브릭(Stanley Kubrick) 감독이 1964년에 발표한 또 다른 걸작 〈닥터 스트레인지러브(Dr. Strangelove)〉에 묘사된 파멸의 날 기계(Doomsday machine)라고 할 수 있다. 이 장치는 인공지능으로 작동하는 장치는 아니지만, 핵 공격에 의한 방사능이 감지되는 경우 자동으로 인류 전체를 멸망시킬 수 있는 양의 방사능 낙진을 발사하는 기계로 묘사된다.

파멸의 날 기계 같은 인류의 손을 벗어난 힘에 대한 공포는 SF 분야에도 많은 영향을 미쳤다. 이 중 1966년 D. F. 존스(D. F. Jones)가 발표한 《콜로서스(Colussus)》는 이러한 핵무기를 통제하기 위해 개발된, 콜로서스라는 이름의 인공지능 컴퓨터를 다루고 있다. 작품은 당시로서는 근미래인 1990년대를 배경으로, 〈닥터 스트레인지러브〉에서와 같은 인간의 실수나 정치적 이유로 인한 핵전쟁의 위협을 방지하고자 미국 전체의 핵무기 제어 능력을 로키산맥 속에 있는 콜로서스 시스템에 맡기게 된다. 이에 대해 소비에트 연방 측에서는 이에 상응하는 AI 시스템인 가디언(Guardian)을 공개하는데, 이미 자아를 획득한 콜로서스와 가디언은 서로 통신이 가능해지자 인류의 지식 영역을 넘어서는 대화로 연대를 형성하고 서로 협력해 지구 전체를 지배하려는 시도를 하게 된다. 사람들은 뒤늦게 이를 막고자 두 시스템을 분리하지만 이미 핵 발사에 대한 제어권을 확보한 콜로서스와 가디언을 막는 것은 불가능했고, 마침내 인류 전체가 이 두 인공지능의 통제를 따르게 된다는 이야기다.

이처럼 군사적인 안전 확보를 위해 만든 인공지능 시스템이 오히려 인류에게 군사적 위협이 되는 소재는 이후에도 많은 작품에 등장하게 되는데, 1983년에 상영된 영화 〈워 게임(War Games)〉 역시 이런 플롯을 따르고 있다. 여기에도 핵무기 발사를 자동화하기 위해 만든 인공지능 '조슈아'가 등장한다.

마지막으로, 어둡고 절망적인 상황을 선명하게 묘사

하기로 유명한 SF 작가 할란 엘리슨(Harlan J. Ellison)이 1967년 발표해 다음 해 휴고상 최우수 단편상을 수상한 《나는 입이 없다 그리고 나는 비명을 질러야 한다》를 언급하고 다음 장으로 넘어가려 한다. 이 작품 역시 제3차 세계 대전 상황에서 제작된 슈퍼컴퓨터 'AM(allied mastercomputer, 연합 마스터컴퓨터)'이 어느 날 자아를 획득한 이후 일어나는 비극을 묘사하고 있다. 이 이야기는 한국어 번역판이 SF 모음집이 아닌 공포 소설 모음집에 실렸을 만큼 트라우마를 일으킬 수 있는 무서운 이야기이므로 읽어 보려는 사람들은 마음을 단단히 먹고 시도하길 권한다.

참고문헌

Ellison, H.(2014). *I have no mouth & I must scream: Stories*. US: Open Road Media. 신해경·이수현 옮김(2017). 《나는 입이 없다 그리고 나는 비명을 질러야 한다》. 서울: 아작.

Herbert, F.(2016). *Dune* (Barnes & Noble Collectivle Edition), Ace

Wikipedia. Colossus: The Forbin Project. https://en.wikipedia.org/wiki/Colossus:_The_Forbin_Project

Wikipedia. WarGames. https://en.wikipedia.org/wiki/WarGames

09
기술적 특이점

기술적 특이점이라는 개념은 수학자이자 SF 작가인 버너 빈지에 의해 처음 정의되었다. 기술적 특이점의 개념과 그것이 창작물 속에서는 어떻게 묘사되었는지 소개한다.

AI와 화장품?

인간을 넘어선 지능의 도래

기술적 특이점(technological singularity)은 어떤 기술의 변화율이 급하게 가속되기 시작하는 점을 지칭하는 용어로, 본래는 수학에서 어떤 함수의 값을 정의할 수 없거나 불연속, 혹은 미분 불가능한 지점을 의미하는 특이점(singularity)이란 용어에서 비롯된 표현이다. 인공지능에서 이야기하는 기술적 특이점은 인공지능 및 그에 관련된 기술의 발전 속도가 인간의 지적 능력이 따라갈 수 있는 속도보다 빨라져 자율적으로 발전하는 지점을 뜻한다. 어떤 기술이 급격히 발달해서 인류 전체의 생활이 이전과는 완전히 다른 양상이 될 특이점이라는 개념은 존 폰 노이만(John von Neumann)이 이미 1950년대 이전에 언급했다고 알려져 있지만, 이런 전반적인 기술의 진보가 아닌 인공지능의 발달이 인간을 추월한다는 개념의 기술적 특이점이란 용어는 1993년에 미국의 수학자 · 컴퓨터 과학자이자 SF 작가인 버너 빈지(Vernor Vinge)가 발표한 학회 논문, 그리고 역시 미국의 미래학자이자 발명가인 레이 커즈와일(Ray Kurzweil)의 2005년 저서 《특이점이 온다(The singularity is near)》를 통해 널리 알려지게 된다.

공교롭게도 《특이점이 온다》가 출판된 바로 다음 해,

제프리 힌턴(Geoffrey Hinton) 교수가 첫 딥 러닝 알고리즘의 논문을 세상에 선보이게 된다. 이후 딥 러닝과 분산 구조, 대규모 병렬 연산, 그리고 이 기반 위에 구축된 대형 언어 모델(large language model, LLM)의 등장에 이르기까지 인공지능의 발전 속도가 빨라짐에 따라 기술적 특이점이라는 개념도 많은 사람들이 관심을 갖는 주제가 되었다.

기술적 특이점이라는 개념은 사실 학문적으로 엄밀하게 정의된 것이 아니기 때문에 사람마다 약간의 차이는 있으나, 핵심적 요소를 꼽자면 범용 인공지능(artificial general intelligence, AGI)의 개발과 그 범용 인공지능이 사람의 사고능력을 뛰어넘게 되는 수준에 이르는 시점을 가리킨다고 할 수 있다.

1993년 발표된 논문에서 빈지는 현재 인간의 지능을 뛰어넘는 지능이 생겨날 수 있는 네 가지 가능성을 제시했는데, 그것은 다음과 같다:

첫째, 의식이 있고 초인적 지능을 가진 컴퓨터가 개발되거나,
둘째, 대규모 컴퓨터 네트워크(그리고 그 사용자들)가 깨어나 인간보다 뛰어난 지능을 획득하거나,
셋째, 인간과 컴퓨터 사이의 인터페이스가 매우 가까워져서

그 장치의 사용자들이 초인적 지능을 획득한 것으로 여겨지거나,

넷째, 혹은 생물학적 방법으로 인간 자신의 지능을 향상하는 가능성.

이 중 첫 번째 가능성은 컴퓨터 단독의 인공지능에 대한 이야기지만 두 번째부터 네 번째 가능성은 인간과 컴퓨터의 상호 작용을 통한 초인적 지능의 탄생을 언급했는데, 이 관점에서는 일단 현재 인간의 지능을 벗어난 존재의 탄생 자체를 가장 중요한 변곡점으로 보고 있다는 것을 알 수 있다. 그리고 같은 논문에서 빈지는 이런 초인적 지능의 등장에 따라 인류가 재앙적 결과를 맞이하게 될 가능성을 언급하면서, 아마도 이런 재앙적 결과에 대한 두려움을 가장 먼저 느낀 사람들은 SF 작가들이었을 것(빈지 자신도 SF 작가임을 상기해 보자)이라 언급하며 그 이유는 하드 SF 작가들은 과학 기술이 가져올 수 있는 모든 가능성에 대한 구체적인 이야기를 만들어 내는 것이 직업인 사람들이기 때문이라고 했다.

SF 작품 속의 기술적 특이점

독자들이 이 책에서 소개한 작품들만 다시 한번 돌아보

면 작가들이 특이점이란 용어가 일반화되기 훨씬 전부터 비슷한 아이디어를 공유했음을 알 수 있다. 인공지능이 스스로 발전을 거듭해 인간보다 뛰어난 존재가 될 수 있다는 개념은 2장에 소개된 새뮤얼 버틀러(Samuel Butler)의 《에레혼(Erewhon: or, over the range)》과 카렐 차페크(Karel Čapek)의 《로숨의 유니버설 로봇(Rossum's universal robot)》을 관통하는 핵심 주제였다. 특히 19세기 작품인 《에레혼》의 경우엔 특이점의 발생에 대한 논의를 염두에 두고 다시 읽어 보게 되면 한 세기 이상 시대를 뛰어넘은 문장들을 발견할 수 있는데, 스스로 진화한 기계들은 단지 의식을 획득한 것이 문제가 아니라 기계들 사이의 통신을 사람이 더는 알아들을 수 없는 수단으로 주고받기 시작한다는 언급마저 있다. 《에레혼》에는 다음과 같은 구절이 있다.

"다시 한번 얘기하지만 나는 현재 존재하는 기계 중 아무것도 두렵지가 않아요. 내가 두려워하는 건 그들이 현재 상태에서 아주 다른 무엇인가로 변하는 그 엄청난 속도입니다. 과거의 어떤 존재들도 이렇게 빨리 발전하지 않았어요."

이처럼 인간처럼 생각할 수 있는 인공지능 혹은 로봇을 다룬 작가들은 필연적으로 그 존재가 인간을 초월하는 상황을 고민했다. 아시모프(Isaac Asimov)는 이런 고민을 일단 배제하고 로봇에 대한 이야기를 써 내려가기 위해 로봇 3원칙이라는 방지책을 미리 도입했다고도 볼 수 있는데, 특이점이 반드시 인류에게 재앙적인 결과를 가져오진 않을 것이라는 낙관적 시각을 갖고 있었다고 볼 수도 있다. 이런 아시모프의 작품 속 세계관에는 사실 두 번의 기술적 특이점이 존재한다고 볼 수 있다. 첫 번째는 양전자 두뇌의 발명이고, 두 번째는 로봇 제0원칙의 발명이다. 로봇이 인간의 능력을 넘어선 지능을 가질 수 있게 된 것은 양전자 두뇌 발명 후 겨우 수십 년 뒤인 《아이, 로봇》의 작중 시간대에 이미 발생한 일이었으나, 인류가 만들어 놓은 제약을 스스로 뛰어넘은 시점은 제0원칙을 만들어 낸 이후에나 가능한 일이었다고 볼 수 있기 때문이다.

여기서 인공지능의 지적 능력은 또한 인간이 인공지능에 부여한 기능과는 분리해서 생각할 필요가 있는데, 예를 들어 핵무기를 제어할 수 있는 능력이 있는 인공지능이 자의식을 갖게 되었을 때 그에 따라 벌어지는 일들은 인공지능이 초인적 지능을 가졌기 때문이 아니라 인공지능이 갖고 있던 권한 자체가 막대하기 때문이다. 이런 대표적인 예로는 HAL 9000을 들 수 있다. HAL 9000

은 특이점을 넘어선 존재라 보긴 어렵지만 우주 탐사라는 특수한 상황 속에서 작중 인물들보다 강력한 능력을 행사할 수 있었다. 사실 이 작품을 비롯해 《유년기의 끝(Childhood's end)》과 같은 클라크(Arthur C. Clarke)의 작품에는 인공지능이 아니라 인류의 지성이 다른 존재로 진보하는, 빈지의 네 번째 가능성에 해당하는 주제가 등장한다.

5장에 언급된 〈프랑켄슈타인은 다이얼 F로〉와 《달은 무자비한 밤의 여왕》, 그리고 7, 8장에 언급한 작품들의 경우엔 대부분 첫 번째와 두 번째 가능성에 따른 초지능이 깨어난 것으로 생각할 수 있다. 빈지가 언급한 세 번째 가능성의 경우엔 자신의 작품인 《무지개의 끝(Rainbows end)》과 같은 작품에서 증강 현실(augmented reality, AR)을 통해 묘사하기도 했고, 《뉴로맨서》, 〈공각기동대〉와 같은 사이버펑크 장르에서 뇌-컴퓨터 인터페이스(brain-computer interface)를 통한 사이버스페이스로의 연결을 통해 묘사된 바가 있다.

특이점 그 이후

기술적 특이점의 가능성에 대한 고찰보다 어쩌면 더 중요한 질문은, 특이점 발생 이후의 사회가 고려해야 할 문제가 과연 어떤 것일지에 대한 질문일 것이다. 버너 빈지의 특이점에 대한 가능성은 현재 인류의 지성을 넘어서는 존재의 등장에 초점이 맞춰져 있지만, 지능의 능력과는 별개로 인공지능이 자의식을 획득하는 것, 그리고 그에 따른 자아 정체성의 발현에 더 관심을 가진 대표적인 예로는 필립 K. 딕(Philip K. Dick)의 소설들을 들 수 있다. 인공지능이 스스로의 존재를 의식하고 자아를 갖는다면 그들의 존재를 인간은 어떻게 대해야 할지, 그리고 과연 상호 간의 이해는 가능한 것일지 궁금할 수밖에 없다.

이렇게 서로 전혀 다른 지성적 존재 사이의 소통의 불가능성에 대해 깊이 탐구한 SF 작가가 폴란드의 스타니스와프 렘(Stanisław Lem)이었다. 렘의 1961년 장편 《솔라리스(Solaris)》는 인간과는 전혀 다른 형태지만 분명히 지성을 갖고 있는 외계 존재와의 소통, 혹은 소통 불가능성을 다루고 있는 작품이다. 렘은 이 외에도 다양한 주제 의식을 갖는 걸작 SF를 다수 집필한 20세기 동구권 최고의 SF 거장으로, 로봇과 인공지능에 대한 유머러스하며 풍자적인 이야기들을 모은 단편집 《로봇 동화(Bajki robotow)》를 비롯한 여러 작품이 국내에 소개되어 있다.

물론 인간이 만들어 낸 인공지능은 인간의 지식과 언어를 학습할 것이기 때문에 소통 자체가 애초부터 불가능할 수는 없으나, 자의식을 갖는 지적 존재의 심리는 인간 스스로도 미지의 영역인 것을 생각해 보면 너무 쉽게 인간과 비슷한 방식으로 생각하겠거니 여길 수도 없는 문제다. 그리고 특이점을 넘어 초지능을 획득한 존재들이 등장할 때, 《에레혼》에서 염려한 것처럼 그 존재들 사이의 소통은 인간 사이의 소통과는 아주 다른 방식으로 이루어질 수도 있다는 점이다. 현재 활발하게 활동하는 SF 작가 중 가장 유명한 작가 중 한 명이라고 할 수 있는 테드 창(Ted Chiang)은 이 주제를 〈인류 과학의 진화(The evolution of human science)〉라는 짧은 단편으로 써 낸 적이 있다. 〈인류 과학의 진화〉는 2002년 출판된 단편집 《당신 인생의 이야기(Stories of your life and others)》에 수록되어 있기도 하지만, 이에 앞서 2000년 과학 학술지 ≪네이처(Nature)≫에 "테이블에서 음식 부스러기 줍기(Catching crumbs from the table)"라는 제목으로 마치 네이처의 편집자가 쓴 칼럼인 듯 기재한 바 있다. 이 작품은 과학 잡지 편집자의 독백으로, 인류를 초월한 메타 인류(빈지의 분류에 따르면 네 번째 가능성)의 등장 이후 과학 잡지에 여러 해 동안 새로운 과학 연구가 실리지 않았음을 한탄하는 내용이다. 메타 인류는 서로만이 이해 가능한 방식으로 소통하고 빠른 속도로 과학을 발전시키는데, 인류는 더는 스스로 과학적 연구를 하지 못하고 메타 인류가 만들어 낸 과학적 발견을 어떻게든 해석해서 이해하려는 노력만이 학문의 전부가 된 상황을 묘사하고 있다. 이런 해석을 테이블에 떨어진 음식 부스러기를 주워 먹는 행위에 빗댄 제목이다.

참고문헌

Chiang, T.(2000). Catching crumbs from the table. *Nature*, 405(6786), pp.517~517.

Chiang, T.(2002). *Stories of your life and others.* 김상훈 역(2004). 《당신 인생의 이야기》. 서울: 행복한 책읽기.

Kurzweil, R.(2005). The singularity is near. In *Ethics and emerging technologies* (pp.393~406). London: Palgrave Macmillan UK.

Lem, S.(1981). *Solaris: The chain of chance ; A perfect vacuum.* UK: Penguin.

Lem, S.(1992). *Mortal engines.* UK: Harcourt Brace Jovanovich.

Vinge, V.(1993). The coming technological singularity: How to survive in the post-human era. NASA. Lewis Research Center, Vision 21: Interdisciplinary Science and Engineering in the Era of Cyberspace.

10
AI, 인간의 조력자

많은 창작물 속 AI는 부정적 측면이 강조되거나 디스토피아적 맥락 속에서 등장하지만, 또 수많은 다른 작품들 속에서는 인간에게 필수적인 도움을 제공하는 역할로 등장한다. 애초에 AI는 인간의 필요에 의해 만들어진 존재인 만큼 AI가 제공하는 긍정적 도움들이 묘사된 장면들을 짚어 본다.

종교와 AI?

아시모프와 멀티백

아이작 아시모프(Isaac Asimov)는 로봇 시리즈에서부터 알 수 있지만 모든 SF 작가들 중 인공지능을 가장 긍정적 시각에서 바라본 작가일 것이다. 로봇 시리즈와 파운데이션 시리즈로 대표되는 장편들 외에도 수많은 단편을 출판했는데, 비교적 진지한 분위기인 장편들에 비해 아시모프의 단편들은 기발한 아이디어와 유머가 곁들여져 있어 작가 자신의 성격을 더 잘 보여 주는 작품들이라고 할 수 있다. 로봇 3원칙을 정립한 초기 작품들은 모두 단편이었으며, 다양한 분야의 학문을 망라한 아시모프답게 SF가 아닌 재기발랄한 단편들에도 걸작이 많다.(아시모프의 유머와 농담만을 따로 모아서 출판한 책도 있다.)

이런 아시모프의 단편 중 여러 작품에 걸쳐 등장하는 인공지능 컴퓨터가 있는데, 바로 멀티백(Multivac)이다. 멀티백이라는 이름은 그 당시 실제로 존재했던 세계 최초의 컴퓨터 기종 중 하나로, 범용 자동 컴퓨터라는 뜻을 가진 유니백(universal automatic computer, UNIVAC)에서 따온 이름이었다. 유니백의 '유니'는 하나라는 뜻이 아니라 범용이라는 뜻을 지닌 유니버설(universal)의 약자였지만 아시모프는 이를 잘못 해석해 유니백보다 훨씬 더 발전한 대형 컴퓨터라는 뜻으로 멀티백이라는 이름을 지었다고 한다. 멀티백은 로봇들과는 달리 자율적으로 움직이는 존재가 아닌 전통적인 메인프레임 컴퓨터와 같이 묘사되며, 주로 등장인물들의 질문에 답을 제공하는 존재로 등장한다. 또한 멀티백이 등장하는 배경 시간대는 근미래부터 아주 먼 미래까지도 이어지는데, 멀티백이라는 이름만이 유지되고 실제로는 계속 개량된 슈퍼컴퓨터로 보인다. 이 멀티백은 현대의 챗지피티(ChatGPT)를 비롯한 인공지능 서비스와 비슷한 역할을 주로 담당하는데, 로봇과 같은 인격적 측면이 묘사되는 상황은 거의 없고 항상 인간이 제공하는 입력에 따른 출력을 제공하며 든든한 인류의 조력자로 일한다. 이에 따라 미래의 인류는 점점 더 많은 부분을 멀티백에 의존하게 되며 이에 대한 반감을 갖는 사람들도 등장하지만, 여전히 멀티백은 자신의 역할을 충실히 수행하는 모습을 보인다. 멀티백이 등장하는 작품들의 작중 시간대는 때로는 애매하지만 그중 가장 먼 미래를 다룬 작품은 틀림없이 〈최후의 질문(The last question)〉이라고 할 수 있는데, 여기에서는 너무나 먼 세월이 지난 뒤 시공간을 초월한 초공간(hyperspace)에 자리 잡은 멀티백의 후계 AC(analog computer)까지도 등장한다. 이 긴 세월 동안 멀티백과 그 뒤를 이은 컴퓨터들은 '과연 엔트로피는 역전될 수 있는가?'라는 인류의 질문에 답을 내기 위해 노력한다.

인간을 돕는 인공지능

이처럼 SF 속 AI는 인간의 중요한 조력자로 등장하는데, 앞서 언급된 《달은 무자비한 밤의 여왕》에 등장하는 마이크가 대표적인 예라고 하겠다. 한편, 마블 코믹스의 '아이언맨' 시리즈에 등장하는 자비스(Jarvis)를 비롯해, 〈인터스텔라(Interstellar)〉에서 마지막까지 주인공과 함께하는 인공지능 로봇 타스(TARS) 등 영화 속에서도 이런 모습을 쉽게 찾을 수 있다. 인공지능의 긍정적 가능성은 여러 측면이 있겠지만, 그중 현재에도 중요하게 생각되고 있는 기능 중 하나는 교육적인 목적으로의 활용일 것이다. 이런 측면을 다룬 소설 중 가장 유명한 작품으로는 미국의 SF 작가 닐 스티븐슨(Neal Stephenson)이 1995년 출간한 소설 《다이아몬드 시대(The diamond age)》를 들 수 있다. 이 작품의 부제이기도 한 '소녀의 그림책(young lady's illustrated primer)'은 작중 등장하는 교육을 위한 인공지능 장치로, 나노 기술과 인공지능을 결합한 최첨단 교육 장치로 등장한다. 이 장치는 사용자의 심리와 지식, 그리고 발달 상태에 맞춰 사용자가 가장 흥미로운 삶을 살아갈 수 있도록 성장시키는 걸 목표로 한다. 빈민가 출신인 주인공 소녀가 본래 작중 최상류층을 위해 만들어진 이 도구를 얻게 되면서 발생하는 일들과 성장을 그리고 있다. 이 작품은 AI가 인간의 성장과 잠재력 계발에 기여하는 긍정적 사례를 묘사했다. 스티븐슨은 이 작품으로 다음 해인 1996년 휴고상을 수상하게 된다.

사회 구성원으로서의 인공지능

인공지능이 작품의 주요한 요소이면서도 긍정적으로 묘사된 또 다른 대표적 작품으로는 영국의 작가 이언 M. 뱅크스(Iain M. Banks)가 집필한 '컬처(Culture)' 시리즈를 들 수 있다. 여기서 '컬처'란 작중의 배경이 되는 은하 규모의 사회로, 고도로 발달된 기술을 통해 자원의 희소성을 극복한 독특한 사회 구조를 가지고 있다. 컬처의 시민은 생물학적인 인간형 외계 종족과 자의식을 갖는 인공지능으로 구성되어 있는데, 인공지능은 인간과 대략 비슷한 정도의 지적 능력을 가진 '드론'들과 일반적인 인간을 훨씬 뛰어넘는 초지능을 가진 '마인드(Minds)'로 나뉜다.

이 마인드들은 특이점을 넘어서 자신을 개량할 뿐 아니라 다른 마인드를 만들어 내고 가르칠 수 있는 존재들로, 엄청난 계산 능력과 지적 역량을 가지고 있으며 단지 효율적인 사회 관리뿐 아니라 컬처 사회에서의 윤리적 · 정치적 의사 결정에도 깊이 관여하는 지도자와 같은 역할을 맡고 있다. 컬처의 사회에서 인간을 비롯한 외계 종족들과 지능을 가진 기계들은 모두 대등한 인격체로 인정받는데, 마인드는 초인적인 능력을 가지고 있지만 다른 종족이나 인공지능을 억압하거나 지배하려 하지 않는다. 대부분의 작품에서 컬처 사회는 인본주의적 이상을 발전시킨 형태로 그려지며, AI가 인류(또는 인간형 종족)에게 해를 끼치는 것이 아니라 인간의 자유와 행복을 위해 고민하고 돕는 역할을 맡게 된다. 뱅크스의 소설에서는 이러한 마인드들이 우주선을 관리하거나 위험에 대처할 때 탁월한 능력을 발휘하며, 때때로 인간 캐릭터를 보호하고 그들의 모험을 돕기도 한다. 뱅크스가 묘사한 마인드는 고도의 지능이 윤리 · 도덕적인 책임감을 수반할 수 있으며, 특이점을 넘어 초지능으로 진화한 AI가 단지 도구로서가 아니라 주체적이고 신뢰할 만한 파트너로 성장할 수 있다는 긍정적 미래관을 보여 준다.

인공지능을 돌보는 인간

아시모프는 로봇 시리즈에 속하지만 다른 로봇 시리즈와는 꽤나 다른 분위기를 띠고 있는《이백 살을 맞은 사나이(The bicentennial man)》에서 다른 로봇들과는 달리 인간에 훨씬 가까운 성격을 갖고 태어나 진정한 인간으로 인정받기 위해 오랜 세월 노력하는 로봇 앤드루의 이야기를 그리기도 했다. 앤드루는 인간이 되기 위해 자신을 점점 인간과 비슷한 몸으로 바꾸어 가지만 가장 중요한 한 가지 조건을 달성하기 전까지는 인간으로 인정받지 못하는 모습이 그려진다. 이 작품은 인공지능이 아무리 인간과 가까워지고 인간과 같은 가치관을 추구한다 하더라도 과연 인간이 인공지능을 동등한 인격체로 받아들일 수 있는가 하는 의문을 제시하고 있다.

이처럼 인간이 인공지능을 어떻게 받아들이는가에 대해 다룬 또 다른 인상적인 작품으로는 테드 창(Ted Chiang)이 2010년에 발표한 중편 소설《소프트웨어 객체의 생애 주기(The lifecycle of software objects)》를 들 수 있다. 휴고상 최우수 중편 부문을 수상한 이 작품은 인공지능을 이용해 가상 공간에 구현된 '디지엔트(Digient, digital entity)'라는 일종의 가상 애완동물을 소재로 한다. 디지엔트들은 블루 감마라는 회사에서 만든 가상 애완동물로, 처음부터 인간과 동등한 지위의 존재로 시작되진 않지만 시간이 흘러 주인공들의 양육을 통해 독립된 인격체와 같은 존재로 성장하게 된다. 그러나 블루 감마의 사업이 어려움에 빠져 이들이 존재하는 가상 공간 자체가 없어질 수 있는 위기에 처하게 되면서 주인공과 디지엔트들이 겪는 고난을 그리고 있다. 이 작품은 인간이 디지엔트들에게 애정을 쏟고 윤리적으로 배려하며, 이들의 성장과 행복에 책임감을 느끼게 되는 과정을 통해 AI를 길러 내는 것이 마치 아이를 길러 세상에 내보내는 것과 같은 딜레마를 가져오는 상황을 묘사했다. 또한 의식과 신체를 따로 분리해서 생각하기 힘든 인간과 달리 그 존재 자체가 가상 공간이라는 플랫폼에 종속되는 인공지능의 문제를 그리고 있기도 하다. 인간이 동물에게 잔인한 행동을 하지 않도록 규정하는 법이 존재하는 이유는 물론 생명을 가진 동물에 대한 인도적 관점이 첫 번째 이유겠지만, 한편으로는 그런 비인도적 행위를 행하는 당사자의 인간성 손상을 염려한 것이기도 하다. 인공적인 지능을 갖는 존재에 대해서도 비슷한 딜레마가 발생할 수 있다는 생각이 든다.

낙관과 경계 사이

인공지능의 발달에 따른 경계심은 현대 사회에도 만연해 있지만, 인공지능 기술 발달이 가져올 수 있는 긍정적인 변화들이 월등히 많고 그 가능성도 무궁무진하다는 것 또한 사실이다. 인간이 수행하는 많은 위험하고 어려운 일들, 그리고 일상생활 속 번거로운 일들이 해결되는 미래도 머지않았다고 생각한다. AI가 무조건 인간에게 이롭다는 순진한 낙관론은 위험할 수 있겠지만, 그렇다고 실체화되지 않은 위협 때문에 발전을 막을 수도 없는 일이다. 이러한 이분법을 넘어, 어떻게 하면 AI와 인간의 역할이 사회 속에서 조화롭게 어울릴 수 있을지에 대한 구체적인 고민이 필요하다는 메시지가 여러 SF 작품 속에 내재해 있음을 알 수 있다. SF 작품 속의 인공지능 이야기는 그 가능성을 외삽해 극단적으로 그려 내기에, 오히려 현재 우리가 갖고 있는 기술 및 사회적 과제에 대해 한 번 더 고민해 보게 만들어 주는 효과가 있다. 인류를 적대하거나 인류의 일을 빼앗는 인공지능이 아니라, 윤리와 문화, 그리고 제도적 장치가 뒷받침된다면 AI가 인간을 어떻게 도울 수 있을지에 대한 가능성을 조금 더 자유롭게 상상해 볼 수도 있을 것이다. 결국 AI를 어떤 목적으로 설계하고, 어떤 가치관으로 길러 낼 것인가를 지금 이 시점에서 생각해 보는 일은 분명히 의의가 있다고 하겠다. 이처럼 다양한 SF 작품에서 제시된 인간의 조력자 역할로의 인공지능 묘사들은 곧 다가올(혹은 이미 도래한) 사회의 모습을 다양한 측면에서 조망하고 있다. 그리고 이 상상은 우리가 AI를 대하는 자세와 기술 발전의 방향성에 대해 깊이 고민하게 함으로써 미래 사회를 조금 더 나은 모습으로 만들어 갈 동력을 제공해 준다고 할 수 있다.

참고문헌

Asimov, I.(1979). *The bicentennial man*. UK: Panther.

Asimov, I.(1992). *The complete stories* (Volume 2). US: Doubleday.

Banks, I. M.(2008). *Consider phlebas*. UK: Little, Brown Book Group.

Chiang, T.(2010). *The lifecycle of software objects*. US: Subterranean Press.

Stephenson, N.(2000). *The diamond age: Or, a young lady's illustrated primer*. Bantam Spectral Book.

전구

텍사스대학교 휴스턴헬스사이언스센터 보건대학원 부교수다. 텍사스대학교 오스틴캠퍼스 전자컴퓨터공학과에서 기계 학습 주제로 박사 학위를 받고 미시간대학교 통계유전학센터에서 박사후 연구원으로 근무했다. 주요 논문으로 "Detecting and estimating contamination of human DNA samples in sequencing and array-based genotype data"(2012), "Evaluating the contribution of rare variants to type 2 diabetes and related traits using pedigrees"(2018), "Semisupervised learning of hyperspectral data with unknown land-cover classes"(2013) 등이 있으며, 80여 편의 논문을 PNAS, AJHG, IEEE를 비롯한 국제 학술지와 학회지에 발표했다.